이름, 혹은 필명 적는 걸
잊으면 안 돼요.

여기에 제목을 큰 글씨로 적어요.

여기에는 그림이 들어가도 좋고,
사진을 넣어도 좋아요.

시대를
초월하는
위대한 책

아 맞다! 출판사 이름을 적어요.

천재 작가가 되는 비밀 노트

초판 1쇄 인쇄 2018년 8월 20일
초판 1쇄 발행 2018년 8월 30일

글쓴이 | 베르나르 프리오
옮긴이 | 최린
펴낸이 | 박선희
펴낸곳 | 해와나무
편집 | 현민경, 강아람
디자인 | 함정인
마케팅 | 이택수
관리 | 김사라

출판 등록 | 2004년 2월 14일 제312-2004-000006호
주소 | 서울특별시 영등포구 양산로23길 17 2층
전화 | (02)362-0938, 7675
팩스 | (02)312-7675
ISBN 978-89-6268-176-5 73860

• 값은 뒤표지에 있습니다.
• 책 내용의 일부 또는 전부를 인용하거나 발췌하려면 반드시 저작권자와 출판사 양측의 서면 동의를 구해야 합니다.
• 해와나무 도서 판매 수익금의 일부는 한우리봉사단과 아름다운재단 등에 기부되어 소외 아동과 청소년을 위해 사용됩니다.
• 이 책에 실린 일부 예시 글은 박현숙 동화 작가, 박준서 어린이(서울 초당 초등학교 4학년)가 써 주셨습니다. 책의 내용을 더욱 풍부하게 해 주신 두 분께 감사드립니다.

이 책의 국립중앙도서관 출판도서목록(CIP)은 서지정보유통지원시스템 홈페이지(http://seoji.nl.go.kr)와
국가자료공동목록시스템(http://www.nl.go.kr/kolisnet)에서 이용하실 수 있습니다. (CIP 제어번호:CIP2018024246)

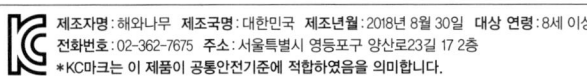

천재 작가가 되는 비밀 노트

베르나르 프리오 글 | 최린 옮김 | 박현숙 감수·추천

해와나무

● 추천사

행운의 동아줄을 잡은 여러분을
'천재 작가가 되는 비밀'의 성으로 초대합니다!

세상에서 가장 하기 힘든 것은 무엇일까요? 그건 바로 자신의 생각과 마음을 표현하는 거예요. 아무리 좋은 생각이 머릿속에 가득하고 상대방을 좋아하는 마음이 태산 같다고 하더라도 그걸 표현하지 않으면 누구도 알 수 없어요.

생각과 마음을 표현하는 방법 중에 하나가 바로 글쓰기예요. 그런데 이 글쓰기라는 것이 쉽지만은 않지요. 금방 백 장은 쓸 수 있을 것 같아 연필을 들면 퐁퐁 솟던 생각과 마음이 다 사라지는 듯하죠. 몇 줄 쓰기도 어렵지요.

지금은 글쓰기가 세상에서 제일 재미있는 나도 예전에는 여러분과 다르지 않았어요. 재미있는 생각이 있어서 신 나게 글을 썼는데 막상 써 놓고 나면 내 생각의 절반도 표현하지 못한 적이 많았죠. 어떻게 하면 글을 잘 쓸 수 있을까 고민을 많이 했어요.

만약! 만약 말이에요. 내가 예전에 그런 고민을 할 때 이 책을 만났더라면 나는 훨씬 더 빠르게 글 잘 쓰는 방법을 알 수 있었을 거예요. 그러니까 이 책을 만난 여러분은 행운의 동아줄을 잡은 거라고 말할 수 있어요. 어떻게 하면 글쓰기와 친해질 수 있는지, 또 어떻게 하면 내 생각과 마음을 술술 표현할 수 있는지 그 마법이 이 책 안에 들어 있거든요.

  자, 그럼 행운의 동아줄을 잡았으니까 동아줄을 타고 마법의 성 안으로 들어가 볼까요? 동아줄만 잡고 시간만 보내고 있으면 아무 소용없으니까요.

  이 책으로 천재 작가가 된 여러분이 나에게 누가 누가 글 잘 쓰나 내기하자는 도전장을 내민다면 흔쾌히 받아들일 준비를 하고 기다리겠어요. 모두들 자신 있죠? 마지막으로 한 가지 더 글을 잘 쓰는 방법을 알려 준다면 그건 바로 '자신감'이에요. 그럼 도전장이 오는 그 날을 기다리고 있을게요!

천재 작가들의 도전장이 조금은 걱정되는 동화 작가
박현숙

- 추천사 2
- 잠깐! 알아 둘 것! 6

비밀

1. 이 책을 남들이 절대 보지 못하게 보관하세요 9
2. 필명을 지어요 13
3. 나에 대해 말해 보세요 20
4. 다른 사람들은 나에 대해 어떻게 말할까요? 그 말을 들었을 때 내 기분은 어떤가요? 33
5. 정말 멍청한 짓이에요 38
6. 가장 최고의 순간을 기록해요
   가장 얌전한/ 가장 착한/ 가장 쓸모 있는/ 가장 용감한/
   가장 의리 있는/ 가장 기발한/ 가장 똑똑한/ 등등 44
7. 어느 동네에 살아요? 지도를 그려 봐요 50
8. 지도로 하루 일과를 말해 보세요 54
9. '발자취'에 따라 하루를 설명해 보세요 64

- 10 아는 길을 산책해 봐요 70
- 11 오감을 이용해서 주변을 탐색해요 72
- 12 11장을 계속 연습하세요 77
- 13 거짓말을 만들어 볼까요? 84
- 14 캐릭터를 만들어요 88
- 15 살아 움직이는 캐릭터를 만들어요 103
- 16 캐릭터가 말을 해요 110
- 17 내가 만든 캐릭터들이 서로 대화를 해요 116
- 18 읽지 않은, 책의 독서 감상문을 써 봐요 127
- 19 대머리 머리카락이 쭈뼛 서게 할 만큼 무서운 이야기를 만들어요 136
- 20 게임 시나리오를 써 보아요 144

잠깐!
알아 둘 것!

*끄적거리기

이 책을 펼친 사람에게*

책을 막 펼쳤나요? 아주 잘 생각했어요. 글을 쓰고 싶어요?
서투르지만 꼭 써 보고 싶다고요? 더 신나거나 재미있는 다른 일 없어요?
찾아볼까요?

*답해 보기

☐ 과자를 먹으며 게임을 한다.

☐ 방탄소년단의 노래에 맞춰 몸을 흔든다.

☐ 내 숙제를 다 마치고 친구 숙제까지 해 준다.

☐ 슈퍼마켓에서 만난 외계인에게 문자를 보낸다.

☐ 역사나 지리 공부를 한다.

☐ ....*

*끄적거리기

없어요? 아니 색다른 걸 원한다고요? 그럼 이 책은 여러분 거예요.
이 책에 있는 문제를 풀기만 해도 작가란 소리를 들을 수 있어요.
천재 작가가 되고 싶다면 반복해서 연습하세요.*

자, 이제 시작해 볼까요?

앗!

정말 중요한 사실을 깜박했어요!
내가 하는 말은 모두 이 책에만 털어놓는 거예요. 비밀 중에서도
진짜 비밀이에요! 일급비밀! 아무에게도 말하지 않는다고 약속해요.

새끼손가락을 걸어요. 그리고 엄지손가락으로 도장을 찍으며
큰 소리로 말하세요. **"비밀은 꼭 지키겠습니다!"**

다 됐나? 아, 한 가지가 더 남았네요 : 망원경이나 돋보기가 필요해요.

비밀을 큰 소리로 말하면 안 되니까, 조그맣게 속삭일게요!
글을 쓰는 건 거짓말을 하는 거예요. 작가들은 모두 대단한 거짓말쟁이랍니다. 정말이냐고요?
"이야기를 만든다"는 건 "거짓말을 한다"는 말이에요.
깜짝 놀랄 만한 일이죠? 그러니까 여러분도 꼭 진실만을 말할 필요는 없어요.
일인칭으로 글을 쓰려면 항상 '나는'으로 시작해요. 절대로 '너는'이라고 쓰면 안 돼요.
아니면 어떤 사람을 상상해서 만들어 내도 좋아요. 이름과 나이를 상상해서 이 세상에는 없는 가상의 인물을 만드는
거예요. 어떻게 생겼는지, 어떤 식구들과 살고 있는지, 어떤 습관이 있는지 등 상상력을 마음껏 동원해 보세요.

좋아요,
수다는 그만.
이제 시작할까요!

비밀 1

이 책을 남들이 절대 보지 못하게 보관하세요

내가 글 잘 쓴다는 것을 들키지 않게
(온갖 글쓰기 숙제를 부탁할지 몰라요.)

다른 사람들이 이 책을 절대로 읽어서는 안 돼요.

엄마나 동생, 친구, 선생님이 읽는 걸 바라진 않죠?
그러니까 잘 보관해야 해요.
1) 무시무시한 경고문을 붙인다.
2) 일급비밀을 보호하는 장치를 만들어 놓는다.

예를 들면 이런 편지를 써 놓는 거죠.

*줄 긋기
끄적거리기
아무 뜻 없는 말

겁도 없이 이 책을 읽으려는 사람에게

방금 내 책을 펼쳤나요? 아마 금방 후회하게 될 거예요. 내가 직접 만든 화학 물질을 종이에 발라 놓았거든요.*
5분 안에 온몸이 가려울 거예요. 10분 안엔 너무 아파서 바닥을 뒹굴게 될 거예요.
15분이 지나면 피부가 퉁퉁하고 오돌토돌한 선인장처럼 변할 거예요. 20분이 지나면 '펑' 터져 아무 것도 남지 않을 거예요. 내 책을 재빨리 닫고 싶겠지만 너무 늦었어요. 독이 온몸에 퍼지기 시작했거든요.* 물론 내 말을 믿고 싶지 않겠죠.
그렇다면 거울로 왼쪽 엉덩이를 보세요. 작고 붉은 점이 보이죠?
이런, 이런, 벌써 가려워서 긁고 싶어지죠? 그렇죠?
자, 이제 가려움증이 시작되었어요…….
그럼 안녕!

직접 편지를 써 보세요!

연필을 들었죠? 머리카락이 쭈뼛쭈뼛 서도록, 간담이 서늘해지도록 무섭게 써 보세요. 머리숱이 적은 사람은 머리카락이 더 빠질 수 있게요.

읽는 사람은 각오해야 할걸요!

*줄 긋기
끄적거리기
아무 뜻 없는 말

(매우) 겁도 없이/ 무모하게/ 바보같이* 이 책을 읽는 사람에게……

비밀 2
필명을 지어요

지금 진짜 이름을 쓰려고 했을 거예요!

온갖 방법으로 이 책을 숨겼는데, 아차차, 적의 손에 들어가면요?
그러니까 필명을 만드는 게 더 안전하고 재미있어요.
필명은 글을 써서 발표할 때 쓰는 이름이에요.
연예인들은 예명을 써요. 여러분이라고 안 될 이유는 없겠죠?
작가는 연예인과 비슷한 점이 있어요.

필명은 어떻게 만드는 걸까요?
우선 이름의 글자부터 바꾸어요. 어떻게 하라는 말일까요?
궁금하지요?
아주 간단해요. 이름의 자음과 모음 순서를 마구 섞어요.
예를 들면 '서연'의 자음과 모음을 섞으면 '여선'이 될 수 있어요.
또 '정인'의 자음과 모음을 섞으면 '어진', '준영'은 '여준', '주연'이 돼요.

주변 사람들 이름으로 연습을 해요. 여러 이름을 섞고 합쳐서 새 이름을 만들어도 재미있어요.

수현과 경희라는 이름으로 연습해 볼까요? 우선 '경수', '희수'도 있고요, '구션' 같은 이름도 만들 수 있어요. 이런 이름은 어떨까요?

성후, 흥경, 희현

자기 이름이나 주변 사람들 이름으로
필명을 만들어 보세요.

㉠ 공명환 + 주춘자 ⇒ 공주
　할아버지 성함　　할머니 성함

㉠ 박준서 ⇒ 준뎅

그동안 마음에 들었던 이름, 멋지다고 느꼈거나, 신비로운 이름
아니면 평소 좋아하는 연예인 이름, 부러웠던 이름을 고를 수도 있어요.
제 멋진 필명은 바로 '엉터리 키보드'예요. 이 필명을 찾느라 며칠이
걸렸지만 무척 자랑스러워요! 결정을 내리기 전에 목록을 많이
만들었어요. 여러분도 그렇게 해 보겠어요?
재미있을 거예요.

(예) 박준서 + 만화 ⇒ 만준

필명을 정했나요? **이제 사인을 만들 순서예요.**
작가가 되면 팔목이 아프도록 사인해야 해요. 미리 연습해 두어야
당황하지 않아요. 여기 양쪽에 연습해 보세요!
연필로, 볼펜으로, 사인펜으로, 색연필로, 붓으로…….
무엇으로 연습해도 재미있을 거예요!

사인을 하기 전에 손을 부드럽게 풀어요. 당연하죠, 작가들도 시작하기 전에 충분히 연습하고, 손을 부드럽게 만드는 손 운동을 해요.
필기구를 골라요. 연필, 가는 볼펜, 중간 굵기 볼펜, 색연필, 사인펜 등등 손에 든 걸로 시작하면 돼요.
아래 낙서를 따라 하면서 사인을 연습해요.

19

....

....

....

가끔 이렇게 얼룩이 생겨도 연습을 그만두면 안 돼요. 얼룩을 만드는 걸 숙제로 내겠어요. 여기에 얼룩을 만들어요!

비밀 3

나에 대해 말해 보세요*
제일 재미있는 일이죠, 그쵸?

*어떤 사람, 솔직히 말하자면,
필명으로 부르게 될 진짜 나 자신이죠.

그런데 나에 대해 어떤 재밌는 걸 말할까요? 어떤 게 재밌을까요?
이런 얘기는 정말 재미없겠죠.
— 몸무게와 키 항상 바뀌죠.
— 눈동자 색깔 절대 바꿀 수 없어요.
— 머리카락 색깔 언제든지 염색할 수 있어요.
— 기타 등등
이건 아니죠? 무언가 **긍정적인** 걸 말해야 하는데,
아래에 적어 보세요.

자신의 장점 열 개만 적어 보세요.

1. ㉠ 엄지손가락이 특이하다.

2. ㉠ 나쁜 일을 빨리 잊어버린다.

3.

4.

5.

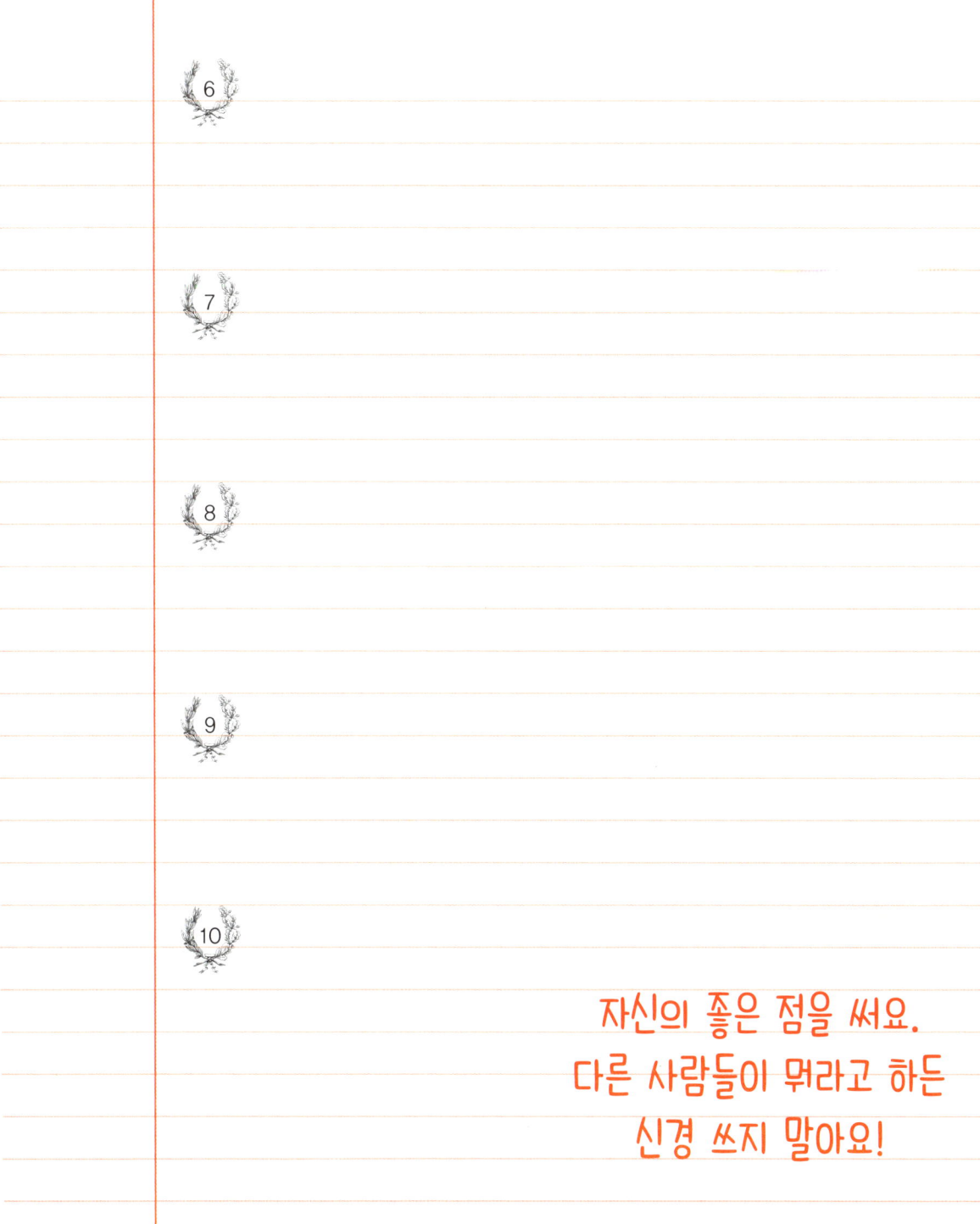

지금까지 한 일 중 가장 잘한 걸 써 보아요.

이 책을 산 건 빼고요.

㉮ 동생이 사 온 닭강정을 몰래 먹었다. 동생이 손발을 씻는 동안 바람처럼 빠르게!!! 그런데 상한 닭강정이었다. 밤새도록 설사를 했다. 닭강정을 몰래 먹은 일은 아주 잘한 일이었다. 그렇게 하지 않았으면 동생이 아팠을 테니까.

나는 최고의 남자 친구(여자 친구)가 될 수 있어요. 친절한 나를 써 보아요.

성공했던 요리법을 써 보아요.

컵라면에 물 부은 게 전부라고요? 상관없어요.

예) <모두 모여 피자>

재료
냉장고를 다 털어!

요리법
밀가루를 반죽해 얇게 편다.
→ 그 위에 냉장고를 털어 놓은 갖가지 재료로 올린다.(주의 : 이건 뺄까? 말까? 고민하지 않는다.)
→ 온갖 재료를 올린 위에 치즈를 뿌린다.
→ 오븐에 넣는다.(주의 : 이상한 냄새가 나도 당황하지 말 것. 중간에 열지 말 것) 25분 뒤 → 노릇노릇 피자 완성.(주의 : 입맛은 다 다른 법. 맛 평가에 예민하게 굴지 말 것)

재료

요리법

가장 착했던 행동을 써 보아요.

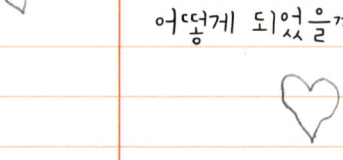

 공원에서 발견한 불씨를 발로 밟아 껐다. 만약 불이 났다면 어떻게 되었을까? 생각만 해도 아찔하다.

할 줄 아는 것 열 가지를 써 보아요.

내 경우에는, 난 오른쪽 귀를 움직여요.

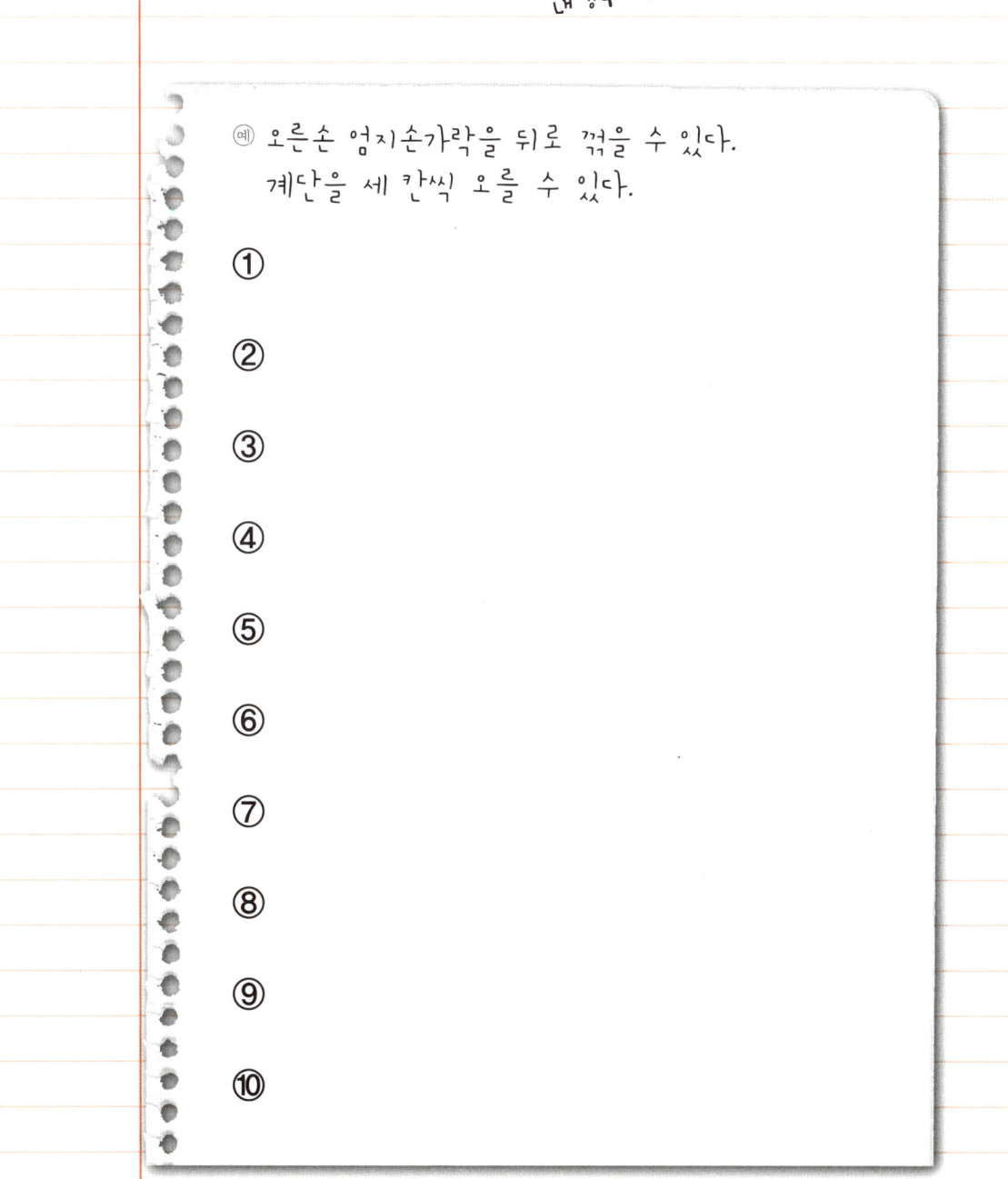

예) 오른손 엄지손가락을 뒤로 꺾을 수 있다.
계단을 세 칸씩 오를 수 있다.

①

②

③

④

⑤

⑥

⑦

⑧

⑨

⑩

최고 기록을 세운 운동을 적어요. 아니면 좋아하는 운동 경기를 적어요.

학교에서 최고로 잘한 일을 적어요.

나는 수업을 마치고 선생님께 "고맙습니다."라고 말한 거예요.

마지막으로, 선거 후보(회장 선거/ 대통령 선거(언젠가는 어른이 될 테니까))라고 상상해요. 여러분을 선택하게 할 만한 구호를 적어요.

당연히 미남미녀 선발 대회는 아니죠.

 낙서 페이지

낙서로 기분을 표현해 보아요. 훨씬 좋아질 거예요.

기분이 좋을 때 난 이런 그림을 그려요.

강아지와 산책했을 때
친구와 게임에서 이겼을 때

비밀 4

다른 사람들은 나에 대해
어떻게 말할까요*?
그 말을 들었을 때
내 기분은 어떤가요?

*필명으로 상상해 낸 나 말고 진짜 '나'에 대해
뭐라고 말할까요?
　　　　　여기서는 필명을 가졌죠.

우리는 몇 시간이고 자기 자신에 대해 말할 수 있어요. 난 그렇게 할 수 있어요.
하지만 다른 사람들이 나에 대해 얘기하는 걸 듣는 것도 재미있어요.
가끔 깜짝 놀랄 일도 있어요.
어느 날이었어요. 나는 29명한테 욕을 먹은 적도 있어요! 물론, 칭찬 받은 적도 있지요!

오늘 들은 말을 모두 섞어 보라고 하고 싶어요.
물론 여러분에 대한 말이죠.
"쓰레기를 버리고 와라." 아빠가 이런 말을 한 건 적을 필요가 없겠죠.
알기 쉽게 몇 가지 예를 들어 볼게요.

1) 어제저녁에, 거실 소파에 누워서 두 발을 탁자에 올린 채로 평화롭게 과자를 먹고 있을 때 언니가 말했어요.
"야, 발 좀 치워. 네 발 냄새 엄청 끔찍해!"
당연히 짜증 났죠. 사실 발 냄새가 심하긴 했죠. 발을 닦지 않았거든요! 하지만 직접 그런 말을 듣는 기분은 별로에요. 내가 쓰레기통을 뒤집어쓰고 있는 느낌이 들거든요.

2) 오후 간식을 먹고 나서 엄마가 말씀하셨다. 그러니까 오후 5시쯤이었다.
"이쁜 병아리, 저녁에 만두를 만들면 어떨까? 우리 딸이 만두는 정말 예쁘게 만들잖아, 말할 필요도 없지."
삐약삐약
나는 엄마 말이 칭찬이라고 생각했다. 얼마 전부터 내가 만두 빚는 데 재능이 있다는 걸 알았다. 가족들이 칭찬해 준 덕분이라는 걸 고백하고 싶다.

3) 오늘 아래층에 새로 이사 온 할머니가 이사 떡을 갖고 오셨다. 나와 아빠를 번갈아 보더니 말했다.
"아들이 아빠랑 똑같이 생겼네. 나중에 어른이 되면 이 아이가 어떤 모습일지 알 수 있겠어."
난 그 말이 별로다. 나는 어른이 되어도 아빠처럼 대머리는 되기 싫은데!

여러분 차례예요……
오늘 하루 동안 사람들에게 들은 말을 써 보세요.

낙서 페이지

좋아하는 음악을 골라요.

방을 어둡게 하거나 눈을 가려 보아요. 음악에 맞추어 내키는 대로 음표를 그리거나 낙서를 해 봐요. 신기하게 정말 재미있답니다!

좋아하는 춤도 낙서가 될 수 있어요.

비밀 5

정말 멍청한 짓이에요!

내가 저지른 바보 같은 짓을 모조리 적으면서 나는 작가가 되었어요.
사람들이 나한테 하도 멍청하다고 놀려 대길래 약이 올라서, 정말 내가
그렇게 멍청한지 적기 시작했죠. 그 분량이 책 한 권은 충분히 될 거예요.

여러분은 나만큼 바보 같은 짓을 많이 저지르지는 않았겠지만 그래도
한두 번쯤은 있을 거예요. 여기에 그걸 적어 봐요. 걱정하지 말고요.
아무도 읽지 않아요!

시작할까요?

㉠ 새학년 시작부터 선희가 좋았다. 그런데 선희는 나에게 관심이
없어 보였다. 그럴수록 잘해 줘서 나에 대해 좋은 마음을 갖게
해야 하는데 내 마음을 몰라주는 선희에게 화가 났다. 그래서
오늘 선희에게 오리 엉덩이라고 놀렸다. 선희는 천 년 동안
나하고 말하지 않겠다고 했다. 이런 바보 같은 짓을 하다니! ㅠㅠ

40

이번에는 나를 위한 상장을 만들어요.

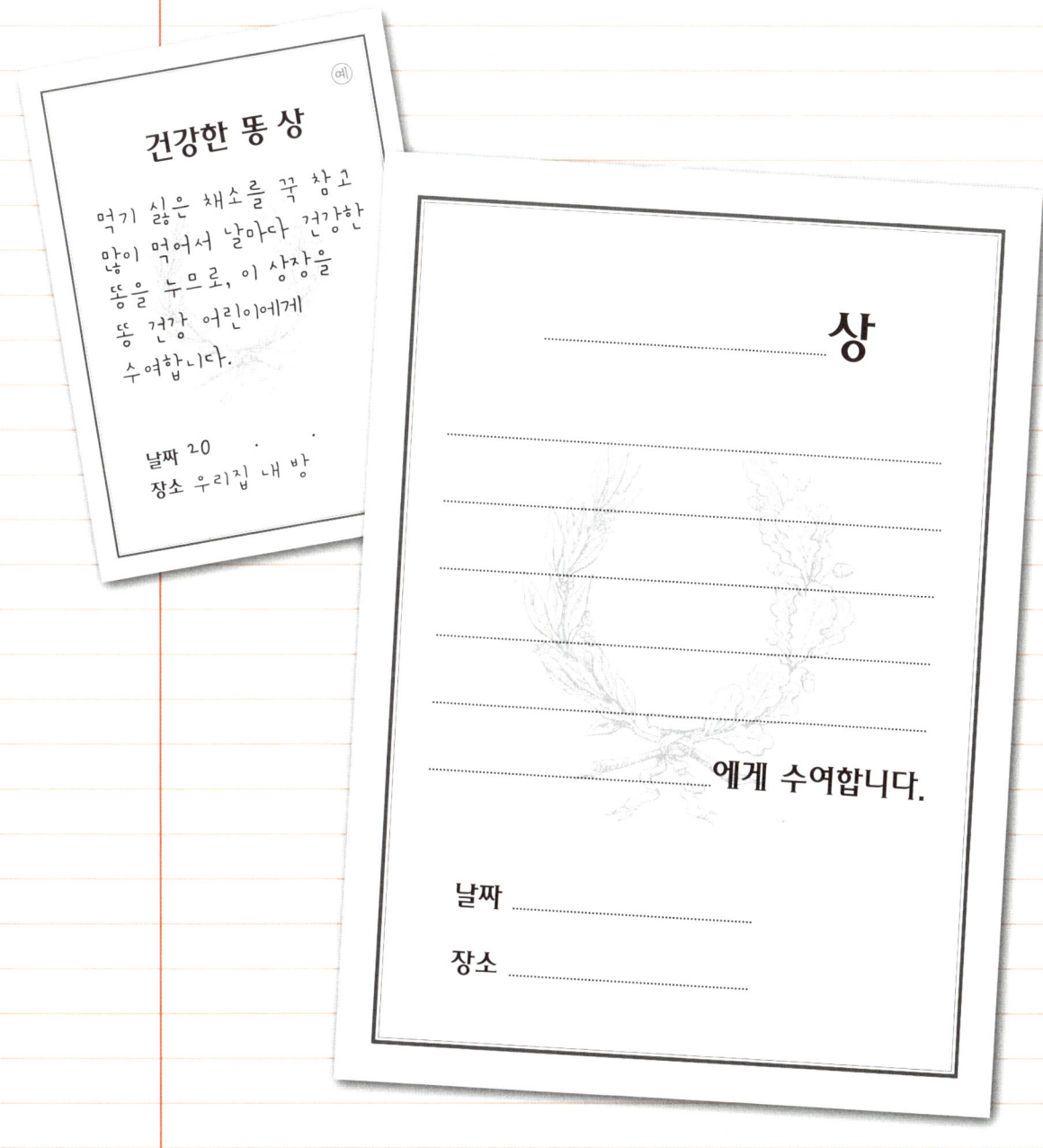

낙서 페이지

이번에는 운동을 해 볼까요?
김연아 선수처럼 얼음 위에서 쌩쌩 달리면서
낙서해 봐요.

이 책을 작은 책상 위에 놓거나, 벽에 걸어 놓을 공간이 있으면 걸어 보아요. 그리고 쉬지 말고 뛰면서 낙서해요. 여러 가지 필기도구를 사용해 보아요. 생각지도 못한 그림이 될 거예요.

얍! 얍! 얍!

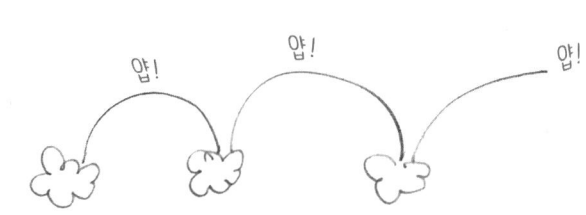

비밀 6

가장 최고의 순간을 기록해요!
가장 얌전한
가장 착한
가장 쓸모 있는
가장 용감한
가장 의리 있는
가장 기발한
가장 똑똑한
등등*

*줄 긋기 쓸데없는 거 낙서하기

내가 했던 멍청한 짓을 쓸 때, 난 솔직하지 않았어요, 나는 거짓말을 했어요. 반대로 잘한 일을 썼어요. 멍청한 짓이 아니라 엄청나게 상냥하게 굴었던 일을 잔뜩 적었어요. 그래요.
예를 들면요, 하루 종일 만나는 사람들에게 웃어 주었지요. 친구가 권했어요.
하도 웃어서 입술에 경련이 날 지경이었어요. 얼굴 근육이 덜덜 떨렸지만 흐뭇한 하루를 보냈답니다.

*줄 긋기
쓸데없는 거
낙서하기

여러분은 분명히 나보다 더 멋진 일을 많이 했을 거예요.
자, 이제 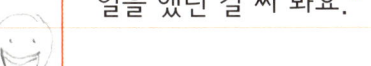 일을 했던 걸 써 봐요.*

㉠ 가장 쓸모 있었던 일
놀이 공원에서 미로에 들어갔는데 가족들이랑 한참 헤매고 있을 때였지요. 나는 머리를 써서 문에 있는 비상구 표시등을 보고 가족들이 순조롭게 탈출했어요. 그 일로 가족들에게 정말 똑똑하다는 말을 들었고, 쓸모 있었다고 말해 주신 건 덤이었어요.

마음을 표현해 봐요.

'화가 난다'라는 문장을 더 자세히 표현해 봐요!
㉮ 화끈화끈 얼굴이 달아오르고 거칠게 숨을 몰아 쉴 만큼 화가 나요. 눈은 저절로 부릅뜨게 되고 머리카락이 모조리 도깨비뿔처럼 솟을 정도로요.

'짜증이 난다'라는 문장을 더 자세히 표현해 봐요.

'설렌다'라는 단어를 더 자세히 표현해 봐요.

잘한 일에는 상장도 잊지 말아요.

상장

....
....
....

.... 에게 수여합니다.

....
....

날짜 ....
장소 ....

낙서 페이지

진정한 작가는, 과감하게 잘 지운대요.

진짜 작가가 되려면 해야 할 일, 자기 글 잘 지우기!
선생님이 일주일 내내 계속 강조했어요. 진정한 작가는 자신의 문장을
계속 보고 또 본다고요. 틀린 문장을 고치고, 바꾸고, 지우고,
추가하고……. 이렇게 하다 보면 아래 글처럼 보여요.

~~강에서~~ 처음 죽은 물고기가 떠 올랐을 때 사람들은 ~~생~~이 심하게
어느날 강에서 *강*
오염되었다는 것을 믿고 싶지 않았다.
곧 강에서 심한 악취가 나고 이끼가 끼어~~있다~~. 흐르지 않고
얼마 지나지 않아 *기 시작했다.*
고여있는 강물에 ~~썩여가고 있었다~~. 그래도 사람들은 그 사실을
은 썩어 가고 있었다.
믿으려고 하지 않았다.
모두가 모른 체 하는 사이 물은 죽어갔고 물고기도 같이 죽어갔다.
결국~~은~~ 그 물을 사람이 마신다는 것을 ~~잊지 말아야 겠다~~.
을 *기억해야 한다.*

선생님이 이걸 보면서 왜 감탄을 하는지 모르겠어요.

여러분도 작가니까 맘대로 원고를 고칠 수 있어요.
글을 옆 페이지에 옮겨 쓰고 시작해요.

**줄 긋고, 지우고, 다시 쓰고, 또 지우고,
또 휘갈겨 쓰고…….**

앞에 쓴 글을 고쳐 보기

비밀 7

어느 동네에 살아요?
지도를 그려 봐요

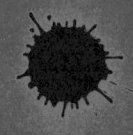

나는 외계인 1번지에 살아요. 지도나 인터넷에서는 찾기가 힘들어요.
하지만 실제로 있는 동네예요.
증거가 있냐고요? 내가 쓴 다른 책에 이 동네 지도를 넣었어요.
나에게 물론 중요한 장소들을 표시했어요. 이 동네에서 산 지 한 달쯤 되었어요.
외계인과 친구가 되면서부터였어요. 여러분이 사는 곳에는 이런 동네가
곳곳에 있어요. 잘 찾아보면요.

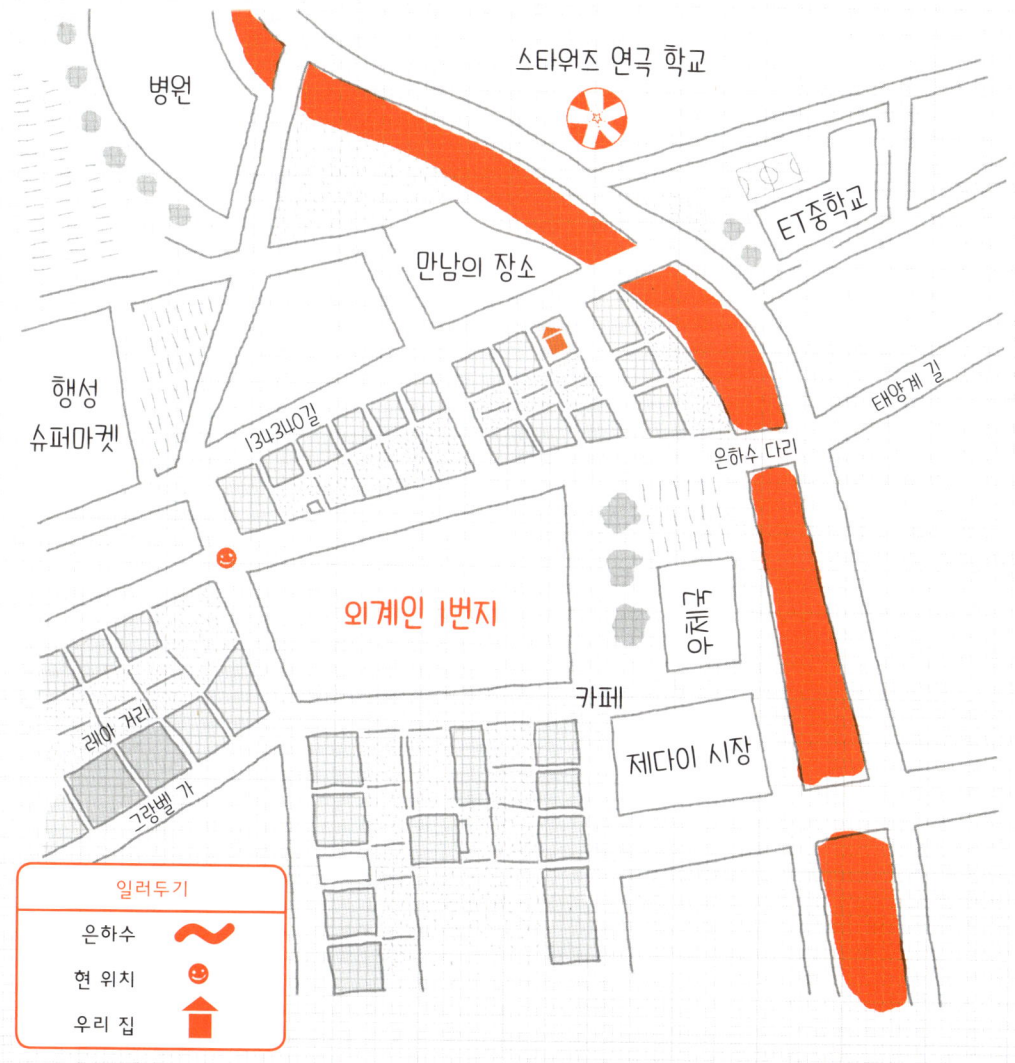

이제 여러분 차례예요! 동네, 도시, 지역을 지도로 그려요.
그리고 가장 많은 시간을 보내는 장소를 표시해요.
지도에 번호로 표시하거나, 일러두기로 필요한 설명을 해요.
'일러두기'라는 말이 어렵죠? 누군가의 잘못을 고자질하라는 게 아니라,
'표, 지도, 그래프를 이해하기 쉽게 설명'해 주라는 거예요.
이제 알겠죠?

덧붙임 : 잘 이해했을 거라고 생각하지만 혹시나 싶어서 다시 설명할게요. 실제로 사는 동네 지도를 그리거나, 상상해 본 동네를 그려도 돼요.

비밀 8

지도로 하루 일과를 말해 보세요

지도를 그렸나요? 잘했어요. 이제, 오늘 지나왔던 장소들을 표시해요. 첫 장소(지도에는 1번이라고 표시했겠죠.)는 아무래도 내 방일 거예요. 이 책을 펼쳐 볼 생각에 기뻐하며 잠을 깨는 곳이죠.

(예) 일정 1
오늘은 토요일, 또는 일요일. 휴일에는 많은 일이 일어나죠.
출발(잠에서 깨어 방귀를 한 번 뀐 다음 방에서 나왔어요.)
→ 달걀 국에 밥을 푹푹 말아 먹은 다음 우유도 마셨죠.

직접 써 보세요.

일정 1 아침에 일어나서 했던 일을 말해요.

그리고 어디에 갔나요? 그곳에서 무엇을 했나요?

일정 2

일정 3

일정 4

다음에는, 수학이 약간 필요해요. 걷거나 자전거, 버스, 차, 지하철, 킥보드로 몇 킬로미터를 지났는지 계산해요.

끝으로, 하루 종일 신었던 신발, 구두나 운동화에게 오늘 하루 일어난 일에 대해 물어봐요. 그리고 구두나 운동화가 되어 대답해 봐요.

구두야, 혹시 개똥을 밟았니?
너, 알면서 모른 체한 거야?

낙서 페이지

작가들이 쓴 글을 지우고 고쳐 봐요. 여기 책의 일부분이 있어요.
마음 내키는 대로 지우고, 낙서하고, 밑줄도 긋고, "수정해요".

제목 : 사랑에 관한 비밀 일기

저자 : 베르나르 프리오

요약 : 아라는 새로 오신 국어 선생님이 일기를 쓰라고 강요해서 걱정이 태산처럼 커졌다. 도대체 무엇을 써야 하나??? 연극 수업에서 만났던 레오에 대해서, 그 애 때문에 얼굴이 빨개진 것을 써야 하나? 아니면 지수와 선생님 때문에 생활이 엉망진창이 되었다는 얘기를 할까? 아라는 비밀을 누설하지 않기로 결정하고 그럴듯한 술책을 쓰기로 했는데, 그건 바로 다른 사람의 생활을 상상해 보는 것이다. 아무래도 누나인 이정의 생활을 많이 베끼게 되겠지만 말이다. 그러다 보니 장난기가 발동하면서 몇 가지 질문을 하게 만들었다.

시냇물을 따라 아직 보이는 것처럼, 사냥 어떤 나무의 열매들, 떡갈나무, 밤나무, 대추야자의 열매들을 따는 데, 손질이 잘된 돌, 손잡이가 달린 나무로 된 도구나 막대기를 이용 하고, 자연 그대로의 동굴 안에 살았다. 야생동물과 목숨을 걸고 싸워야 했고, 지구를 지배하며 살아가고 있던 존재들. 예를 들면, 매머드, 코끼리, 원숭이, 곰, 코뿔소, 호랑이, 사자, 여우, 하이에나. 순록, 사슴, 들소 그리고 대륙의 활동지에 거주했던 제4의 통치자들이 그들이었다. 원시시대의 이런 동물들 중에는 잡아먹히거나 어떤 활동에 이용당하면서 인류의 삶에 편입된 것들도 있었다. 점차적으로 인류는 종들을 서로 묶을 줄 알게 되었다. 순록, 말, 당나귀, 소, 개, 양, 곧

나는 학원에 가면 안 된다.

왜냐하면

연필심이 자꾸 부러지니까.

친구가 자꾸 숙제를 베끼려 하니까.

선생님이 자꾸 나한테만 물어보니까.

학원에 가면

자기 싫은데 자꾸만 잠이 오니까.

책상에서 자꾸 덜덜덜 소리 나니까.

집에 가는 길이 어두우니까.

나는 절대 학원에 가면 안 된

눈여에 가야 한

너무 조용했다. 이안은 눈에 눈물이 핑 돌았다. 선생님은 낯설고도 고통스러운 표정으로 어릿광대의 화환을 고정했다. 나는 거의 숨을 쉴 엄두도 내지 못했으며, 가슴에 묵직한 돌이 걸린 것만 같았다. 갑자기 지수가 내 어깨를 쳤다. 나는 그 애를 쳐다보았다.

손가락 하나로, 그 아이는 입술 위에 웃음을 그려 보았고 왼손으로 자기의 심장이 있는 가슴을 두드렸다. 그리고 그 아이는 고개로 "네 차례야"라고 말하는 듯한 몸짓을 했다.

나는 무슨 소리인지 알아들었다. 나는 공중으로 뛰어올랐다가 몸을 웅크린 채 땅에 떨어졌다. 그리고 비통하게 흐느끼며, 과장을 하며 울기 시작했다. 그건 지수와 여러 번 반복했었던 레퍼토리였다. 그리고 지수는 자기 팔로 나를 안고 마치 갓난아이를 어르듯이 나를 살살 흔들었다. 보통 때 같았으면 그런 순간에 모든 사람들이 바닥을 뒹굴며 웃었을 것이다. 나는 이안의 얼굴이 환하게 밝아지고 미르가 솔직하게 웃는 걸 보았다.

낙서 페이지

해&나무
도서관

해와나무길 1.. 번지
07259 도서관
전화번호 : 02-362-0938
www.sun&tree.com

124번 탁자

감자튀김　　　　　　　2,000원
오렌지주스　　　　　　1,000원
치즈케이크 2개　　　　5,000원

총　　　　　　　　　　6,300원
부가가치세 10%　　　　　 700원

4월 24일 루카레
곧 다시 방문해 주시기를 기대합니다.

마침내 나는 낙담해서 포기하고 말았다. 침대에 누워 잠이 들었다. 정말 유감이다. 발표가 내일인데, 지금 이 순간, 아무것도 하지 않는다. 최악이다. 나는 멍텅구리다. 사람들은 멍텅구리 얘기를 들었다. 아니다, 아무도 내 말에 귀를 기울이지 않는다. 나는 혼자라고 느꼈고, 내 안에서 길을 잃어버리고 말았다. 외로움을

갑자기 벌떡 일어났다. 엄마가 이제 출발해야 한다고 말하면서 나를 꿈에서 깨웠기 때문이다. 이런! 발표가 한 시간도 채 남지 않았다. 난 사람들 앞에서 서 있다. 모두의 앞에, 나를 쳐다보고 있는 모든 사람들, 그곳에 나를 위해있는 모든

그래서 무슨 말을 해야 하지, 너는 어디에 사니? 부모님은 무슨 일을 하시고? 너의 취미는 뭐야? 형제자매는 몇 명이야? 어떤 음악을 주로 듣니? 그리고? 그래 이런 얘기들을 주고받은 다음에, 그다음에는 무슨 얘기를 하지? 나는 너에 대해 알지만, 너는 나에 대해 알지 못해서, 그래서 너는 정말로 내 생활에 대해 내가 너에게 말해 주고 싶어 한다고 생각하는 걸까? 차라리 휴대폰이나 휴대용 컴퓨터를 꺼내서 거기에 이어폰을 연결해 봐. 그렇게 하면 서로 할 말이 더 많아질 수 있을 거야. 서로 잘 알지 못할 때, 할 말이 많다는 건 말도 안 되는 얘기야! 사실은 완전히 반대라고. 서로 더 잘 알수록, ~~자기가 무엇을 생각하고 있는지 전부 다 말하~~게 돼.

나는 너를 잘 몰라. 너를 알기 위해 정말 노력했지만, 너는 나한테 아무런 관심이 없었어. 아, 맞아. 네가 너의 감정에 대해 나한테 말한 적은 있지. 세상에. ~~쌍가지 않을 수 는 거야~~... 얼마나 비장해 보이던지. 이제 제발 그만둬, 내 앞에서 다시는 그러지 마, 부탁이야. 난 네 걱정을 했고 네가 알고 있는 사람들에게 그 이야기를 거기에 있었고, 네 이야기를 들어 주었으 아무 말도 하지 않았어. 오 자신이기 때문이지. 바로 너야. 내 동생은 ㄴ 알게 해 준 너와 함께, 나는 느낌은 그런 너한테 말하고, 너는 조언을 해 주 새로운 세대, 그렇게 말하다 너와 함께 있을 때에,

📝 **8월 ...일**

오늘, 많이 걸었다!
갈매기 계곡 길! 산 속에 바다 쪽으로 돌출되어 있는 부분을 따라 길이 쭉 이어져 있었고, 그 반대편도 마찬가지였다. 우리는 60번 국도에서 출발해서 62번 국도를 향해 갔는데 62번 국도는 해변에서 시작되어 육지로 이어져 산고개를 넘는데 눈이나 비도 없었다. 우리는 또 다른 계곡에 도착했다. 계곡 꼭대기에, 자갈밭 속에 1912년도에 만들어진 오래된 배가 있었다. 우리는 물이 가득한 길을 따라 계속 걸어갔다. 612번 국도였다. 오전지는 토끼 언덕이다. 계속 비가 내렸다. 우리는 1

'발자취'에 따라 하루를 설명해 보세요

작년에 '일기'를 쓰라고 강요하는 선생님을 화나게 만들려고, 하루 동안의 일을 특별하게 얘기할 방법을 생각했어요. 온갖 종이, 입장권, 포장지, 끈 등을 모아 일기장에 붙였어요. 그리고 그 아래에 언제 어디에서 모았는지를 일일이 적었어요.

이제 쓰고 붙여 볼까요?

비밀 10

아는 길을 산책해 봐요

오늘은 집에서 뒹굴고 싶다고요? 그래요, 작가들도 글을 쓰지 않는 날이 있어요. 그래도 뒹굴기보다는 무언가를 하는 게 좋지 않을까요? 산책하며 길거리를 관찰하고, 작은 소리에 귀를 기울여 보는 건 어떨까요? 재미있거나 혹시 도움이 될 수 있는 사소한 정보를 모을 수 있을지도 모르죠.
아무튼 집에만 있는 건 좋지 않아요. 밖으로 나가서
직접 그린 지도를 들고 다섯 장소를 찾아다녀요.
장소는 어떻게 선택하냐고요? 마음 내키는 대로 고르면 돼요.

유심히 보고, 작은 소리에 귀를 기울이고, 냄새를 맡고, 손으로
만져 보고……. 그러면 찾을 수 있어요. 그렇게 해 보면 머릿속에
무언가 '반짝' 떠올라서 저절로 알 수 있어요. 바로 그곳이에요.
지도 위에 '그곳'을 표시해 두어요.

자, 밖으로 나갈까요? 눈을 크게 뜨고 귀를 열고 냄새를 맡으며,
손으로도 직접 느껴 보는 거예요.
오늘은 이 정도면 충분해요!

오감을 이용해서 주변을 탐색해요

오늘은 비가 내리지 않았으면 좋겠어요. 춥지도 않으면 좋겠어요.
왜냐하면 어제 표시해 놓은 다섯 곳을 돌아볼 생각이거든요.
이번에는 공책과 연필을 준비해요.
아래 물건을 챙겨 넣을 배낭도 잊지 말아요.

1. 휴지
2. 간식으로 먹을 과자나 과일
3. 시원하거나 따뜻한 음료(먹고 싶은 걸로)
4. 기침할 때를 대비한 사탕
5. 물
6. 얇은 담요
7. 돋보기
8. 가장 좋아하는 물건
9. 목도리 또는 스카프
10. (소음 방지용) 귀마개 혹은 솜 뭉치 두 개
11. 모자 또는 양산

추신 : 4, 5, 6, 7과 8번은 나에게 필요한지 잘 생각해 보고 결정해요.
1, 2, 3번도 마찬가지예요!

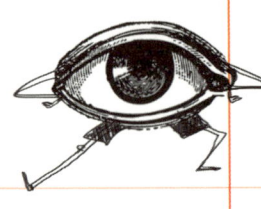

준비됐어요? 이제 시작할까요? 이제 임무를 알려 줄게요.
어제 골라 놓은 다섯 장소를 돌아볼 거예요. 각 장소에서
하나의 감각만으로 주변을 탐색해 보아요.

- 첫 번째 장소에서는 귀를 막으세요. 수영할 때 쓰는 귀마개나, 솜으로 막아요.
두 눈으로만 잘 살펴보고 본 것을 적어요.

㉠ 버스 정류장이에요. 버스가 멈췄다 사람들을 태워 가요. 버스를 타기 위해 달려가는 사람도 있어요. 그런데 소리가 들리지 않으니까 버스와 사람이 날아다니는 거 같아요.

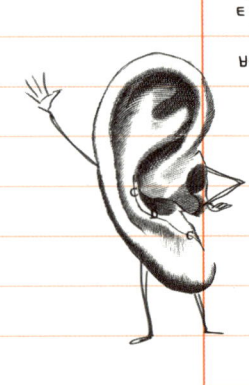

- 두 번째 장소에서는, 눈을 가려요. 목소리로 가리는 건 괜찮지만, 필기구로는 안 되겠죠.
주위 소리에 집중하여 잘 듣고, 들은 것을 적어요. 네, 눈을 꼭 감은 채로요.

㉠ 공원에 갔어요. 뭔가 날아다니는 소리가 나요. 들릴 듯 말 듯 작은 소리예요. 햇볕이 내려오는 소리 같아요. 음음, 햇볕도 소리가 나는군요.

코로 모험을 해요.

– 세 번째 장소에서는 눈을 감고 귀를 막아요.
코를 킁킁거리며 냄새를 맡아서 그 냄새에 대해 적어요.
㉠ 기름 냄새가 나요. 뜨끈뜨끈 김 냄새도 나요. 마치 거대하고 열기가 가득찬 통 안에 들어간 느낌이에요. 여긴 어디 일까요?
→ 세탁소

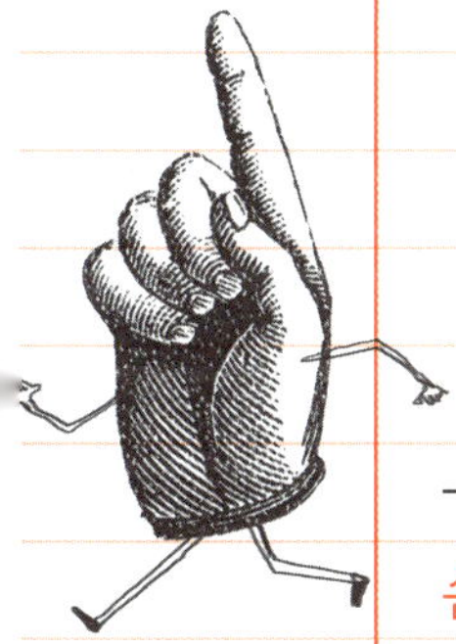

– 네 번째 장소에서는 눈을 감고, 귀와 코도 막아요.
손으로 더듬어서 주변을 만져 보고 그 느낌을 적어요.
㉠ 서점이에요. 매끈매끈, 오돌도돌! 책은 나무로 만든 게 맞아요. 자른 나무(나이테가 있는 부분)를 만지는 느낌이 있었어요.

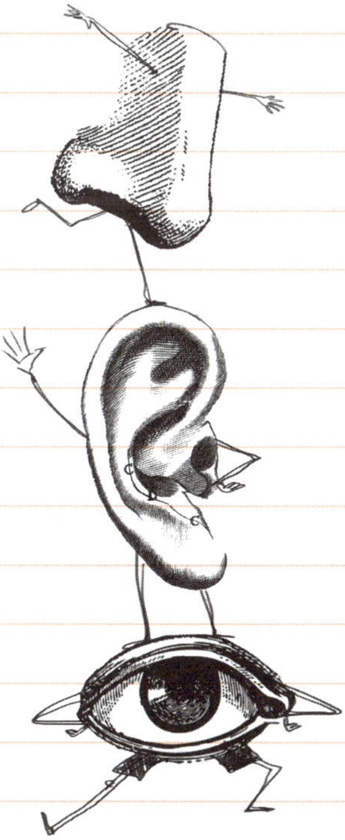

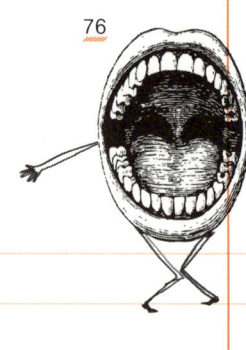

― 다섯 번째 장소에서는……. 아, 이번에는 빵집이나 식당을 선택하면 정말 좋을 텐데요! 이번에는 맛을 볼 차례거든요!
먹을 것이 없는 곳이면, 준비해 간 과일을 꺼내서 먹어요.

㉠ 마트 시식 코너예요. 내가 제일 좋아하는 만두 시식! 눈을 꼭 감고 만두를 입에 넣었어요. 사각사각, 오돌오돌, 끈적끈적, 바다 냄새가 나요. 바다가 통째로 내 입 안으로 들어온 거 같아요. 오! 해물 만두였군요.

조금 복잡하다고요? 설명이 길어서 그런 생각이 들 거예요.
작가는 한가롭게 방 안에서 의자에 엉덩이를 붙이고 앉아서 시간을 보내지 않아요! 오감을 이용해서 주변에 대해 기록하는 걸 연습해야 해요.

자, 용기를 내서 밖으로 나가요!

비밀 12

11장을 계속 연습하세요

11장을 연습했어요? 정말 했지요? 중간에 포기하지 않았죠?
산책을 하다 감기에 걸리지 않았죠? 일사병에 걸리지도 않았죠?
아, 모자를 쓰고 갔다고요? 그냥 농담이었어요.
절대로 쓰러지면 안 돼죠.
이미 말했지만 작가들은 거짓말쟁이예요.
선생님이 말했어요, 국어 선생님이요.
작가는 멋대로 이야기를 꾸며 낸다고요.
하지만 이야기를 꾸며 내는 일은 거짓말과는 달라요.
글을 쓰려고 눈을 감거나, 코와 귀를 막을 필요는 없어요!
이야기를 지어내지만, 그중에는 진짜로 겪은 일도 있어요.
선생님이 말해 주었어요.
잘 쓴 글을 읽으면, 독자는 직접 보고 듣고 느끼고 맛본 것처럼 여겨져요.
이런 글을 써야 해요.
이야기를 잘 쓴다는 건, 그 글을 읽는 사람들이 실제로 보거나 듣거나 맛보거나 만지고 있는 것처럼 느끼도록 도와주는 거예요.

그러니까 11장을 연습했다면, 시간을 제대로 쓴 거죠.
오늘은 편하게 쉬어요.
감기나 일사병에 걸렸으면 치료를 받아요.

천재 작가를 위한
푹신한 쿠션

만약 게을러서 연습을 못 했어도 걱정 말아요.
따라잡도록 연습할 기회를 줄게요. 우선 간식을 든든히 먹고
본 것, 들은 것 등등으로 아래 빈칸을 채워요.

어떻게 하는지는
잘 알고 있겠죠?

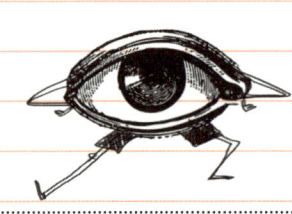

본 것	들은 것

연습시간:
14분

거짓말을 하면 안 돼요.
지켜볼 거예요!

냄새 맡은 것	만져 본 것	맛본 것

낙서 페이지

실컷 낙서를 해요.(나쁜 말은 하지 말고요.)

예를 들어, 꺼져도 타는…… 다시 활활 이렇게요.

아래 낙서를 한 사람은 어떤 마음이었을까요?
낙서를 한 사람이 무슨 말을 하고 싶었을지 상상해서 써 보세요!

 난 이런 똥을 누고 싶다.
지금 변비거든.

 뭐라는 거야?

 _____

 _____

 _____

 _____

비밀 **13**

거짓말을 만들어 볼까요?
말하기 연습

거짓말은…….
'이야기를 만드는' 건 거짓말을 한다는 뜻이기도 해요. 내가 이미 말한 적이 있죠?
기억이 나길 바라요!
천재 작가가 되고 싶다면, 거짓말하는 연습을 해야 해요!
하지만 재미있는 이야기를 만들기 위해서만이에요. 알았죠?
예전에 친구들한테 작은 악어를 키운다고 말했는데,
그 애들이 내 말을 철석같이 믿었어요! 몇 주 동안이나요!
거짓말을 그럴듯하게 하는 비법을 알려 줄게요.
사실을 조금씩 섞어서 말하면, 더 잘 믿어 줘요.
예를 들면, 친구한테 악어 얘기를 했을 때 실제로 난 작은 악어가 있는
매장을 알고 있었어요. 그래서 악어의 움직임이나 악어를 데려온 곳에
대해 자세히 말을 했고, 친구들이 내 거짓말을 무조건 믿은 거예요.

1) 그럴듯한 멋진 거짓말을 만들어 봐요.   실제 이야기도 함께 들어가 있어야죠.

㉠ 지난 주 농사짓기 프로젝트에 신청해서 시골에 갔어. 그런데 땅을 파다 아주 번쩍번쩍거리는 숟가락과 젓가락을 발견했어. 알고 보니 금수저였지.

2) 적어도 세 명한테 만들어 낸 거짓말을 말해 봐요.

*줄 긋기
끄적거리기
아무 뜻 없는 말

3) 사람들 반응을 기록해요.
그 거짓말을 믿어요?
정말 믿어요?
그냥 재밌어했어요?
지루해했어요?
말도 안 되는 소리라고 했나요?*

4) 세 명이 "정말 믿었다면" 성공한 거예요.
그렇지 않았다면, 계속 연습해요. 거짓말쟁이가 되라는 건 절대 아니예요!

캐릭터를 만들어요

이야기를 지어낼 때 흥미로운 캐릭터를 상상해 봐요.
만들어 낸 캐릭터가 진짜 살아 있는 사람처럼 느껴지면 성공한 거예요.
이제 어떤 인물을 상상해 보아요. 아래 그림에 상상하는 인물을 그려
보아요. 옷을 입히고, 색칠도 하고, 신체의 특징도 만들어 주어요.
손목에 커다란 점이 있다든지. 머리 스타일이 독특하다든지,
우산을 들어도 좋고, 모자를 써도 되죠. 그 사람만의 특징을 살려 꾸미는
거예요.

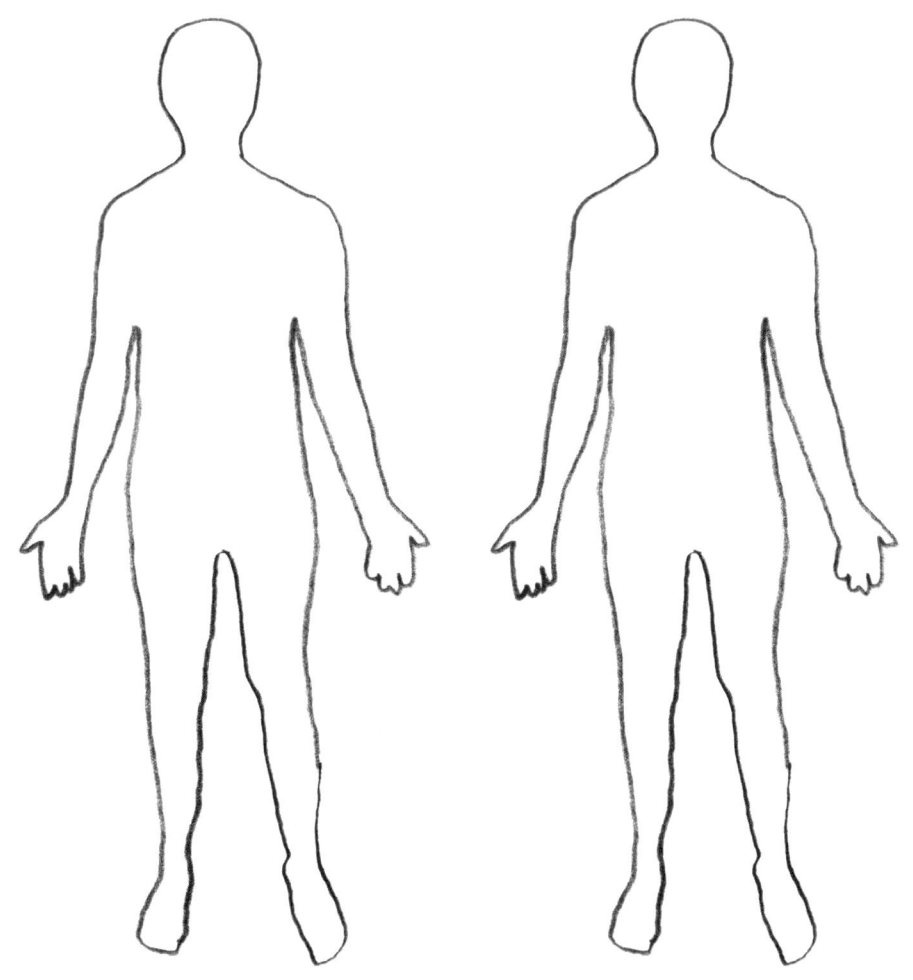

다음 쪽에 계속 그려요.

㉮ 탐정 이야기를 쓰고 싶다면 어떤 탐정을 만들건가요?
음, 모자를 쓴다. 미행을 하기 위해 항상 운동화를 신는다.
지팡이를 짚는다.(노인 연기 하는 탐정.)

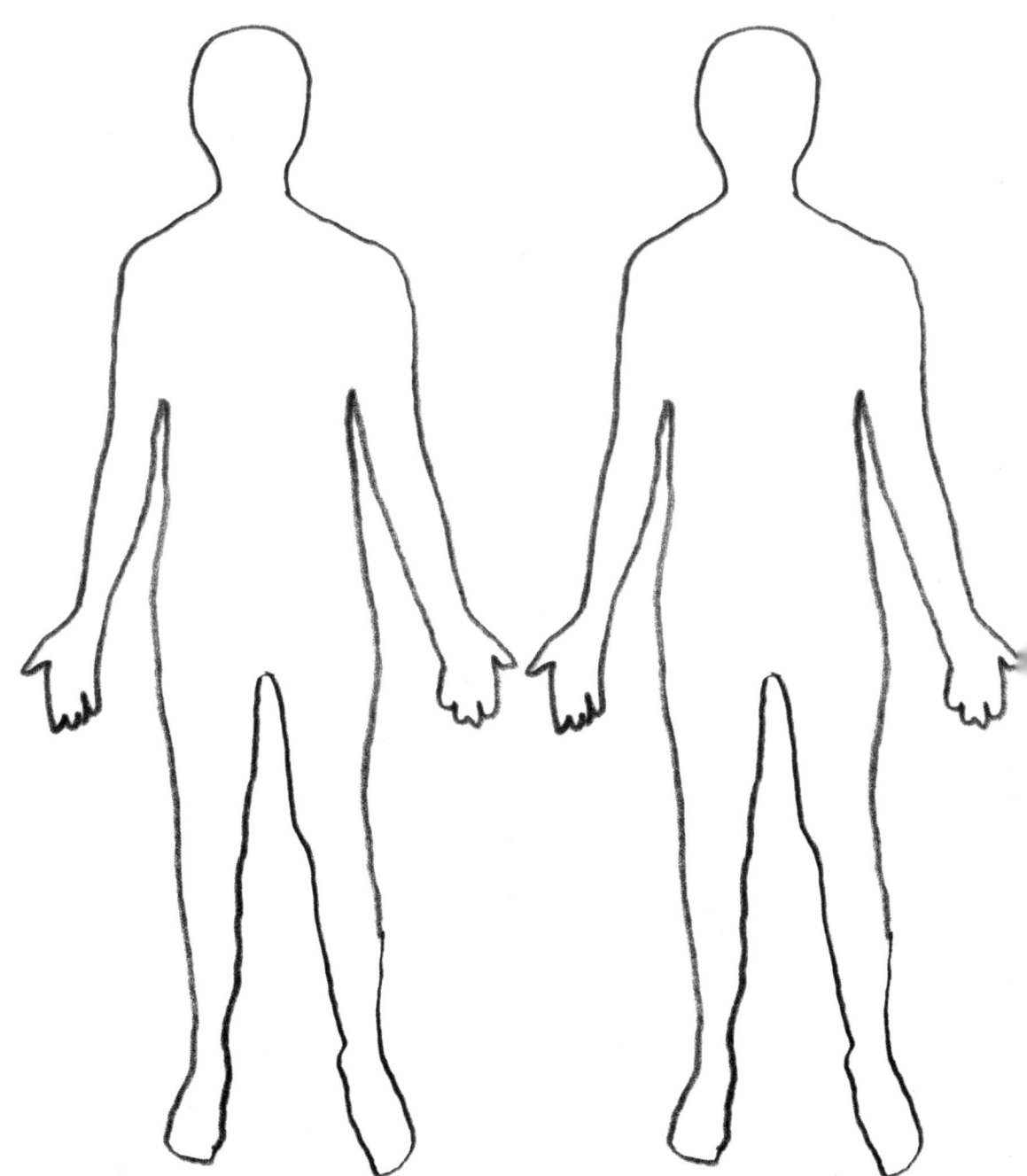

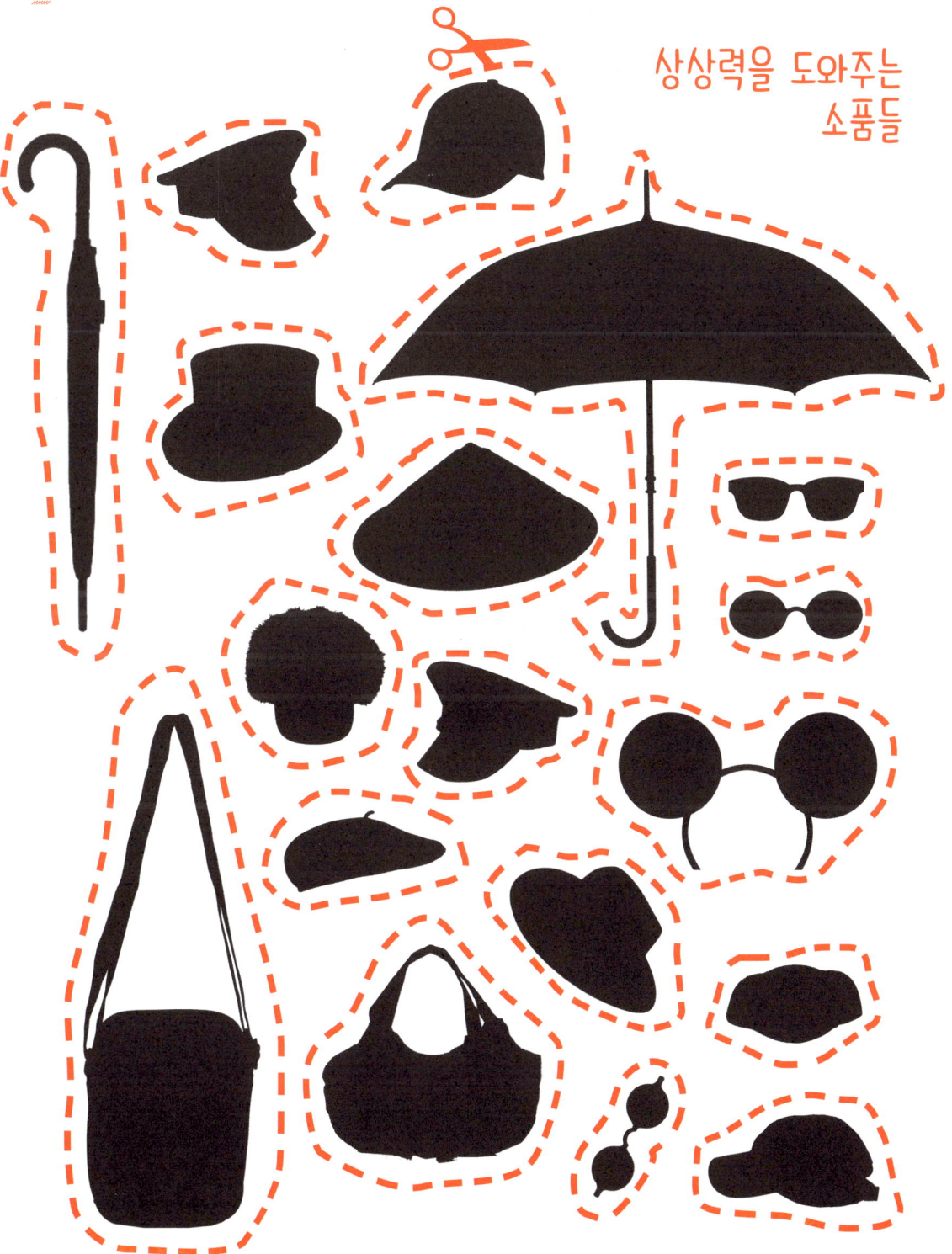

사람은 누구나 습관이나 버릇을 갖고 있어요.
성격을 알아볼 수 있는 행동을 하기도 하죠. 여기 그 목록을 소개해요.
여러분이 상상해 낸 캐릭터를 위해 세 가지를 골라요.

세 개면 충분해요!

* 그는 / 그녀는 손톱을 물어뜯는다.
* 양말을 신고 잔다. *나도 그래요.*
* 세 가지 외국어를 할 수 있다.
* 한 가지 악기 정도는 연주할 수 있다.
* 공포 영화를 좋아한다.
* 대학에서 ....을 전공하고 싶다. *채워 넣어요*
* 손재주가 있다.
* 마르게리타 피자를 좋아한다.
* 아침을 항상 굶는다.
* 저녁마다 찬물로 샤워한다. *으 추워!*
* 유명 신발을 수집한다.
* 천둥, 번개를 무서워한다. *우리 아빠처럼요.*
* 남의 물건 뒤지는 걸 좋아한다. *바로 우리 언니 취미죠*
* 티라미수 케이크를 좋아한다.
* 슈퍼에서 줄 서는 걸 싫어한다.
* 날이 흐리면 무릎이 아프다.
* 쉽게 얼굴이 붉어진다.
* 곱창을 좋아한다.

* 잠들기 전에 시를 읽는다.
* 전화로 멍청한 농담을 한다.
* 신발을 206켤레 갖고 있다. *장화와 운동화를 포함해서.*
* 의자 위에 올라가면 어지럽다.
* 발음을 잘 못 한다. *어떤 발음인지 말해 줄 것.*
* 자존심이 매우 강하다.
* 나쁜 말을 많이 한다.
* 초콜릿 알레르기가 있다.
* 파리나 모기를 납작하게 짓눌러 죽이는 걸 좋아한다.
* 대통령과 악수를 한 적이 있다.
* 잠자면서 코를 곤다.
* 집안일을 좋아한다. *특히 화장실 청소*
* 공부하면서 오페라나 클래식 음악을 듣는다.
* 처음으로 만나는 노숙자에게 날마다 500원씩 준다.
* 바느질을 잘한다.
* 30분 동안 운동하고 하루를 시작한다.

이제 상상으로 목록을 더 만들어요.

* 하늘색 속옷만 입는다.
* 단어를 쓸 때마다 맞춤법을 틀린다.
* 전화하는 걸 싫어한다.
* 길거리에 떨어져 있는 휴지를 줍는다.
* 친구한테 …………라고 욕을 해서 선생님께 혼났다. *어떤 욕인지 쓰지 않겠음!*
* 요즘에 5킬로그램이나 살이 빠졌다.
* 할아버지가 시골에 있는 농장을 상속해 주었다.
* 아파트에서 뱀을 키운다.
* 코딱지를 모은다.
* 빨간 신호등을 겁낸다.
* 친환경 에너지 절약 단체 회원이다.
* 동아리 수업으로 연극반 활동을 한다.
* 머리띠를 50개 가지고 있다.
* 대왕 카드를 30개 가지고 있다.
* 에스컬레이터를 절대로 타지 않는다.
* 항상 소파에서 잠든다.

* 설거지하는 것을 좋아한다.
* 아파트에서 고양이를 키운다.
* ……………………………………
* ……………………………………
* ……………………………………
* ……………………………………
* ……………………………………
* ……………………………………
* ……………………………………
* ……………………………………

여러분이 상상한 인물에게 이름을 지어 주어요.

〈남자 이름 목록〉

도윤	태인	상훈	지혁	영철	재우
아인	석현	성진	이준	우재	도우
도연	규현	인수	이든	선재	성재
주원	재영	창현	용호	민재	승엽
수현	현호	강준	석재	민규	영광
서율	지한	해인	민재	영준	하람
은철	성빈	인성	태석	병헌	영민
희절	호준	정재	동연	병현	기쁨
상철	태원	우성	윤섭	흥민	산하
도균	정훈	동건	선욱	현진	사랑
유인	한결	승준	우현	준희	언호
유성	동규	영재	용기	도현	의찬
지민	정후	수재	태수	현욱	정후
예준	도희	상호	지수	지욱	지율
재인	동훈	정호	준식	동욱	명진
시후	동준	민호	이수	정욱	지웅
우주	연훈	지호	택수	보람	승엽
유준	시훈	지우	정수	우람	건희
준영	성재	지하	민수	세찬	다빈
윤서	재석	지수	창현	세형	유준
지완	상준	준영	원석	수영	준우
수호	정호	선환	채민	승현	혁주
태영	상민	지훈	정민	서준	희민
주영	종훈	명진	하민	하준	현무
주현	영진	태수	유민	지율	주원
수영	태준	민혁	동훈	시우	상호
태경	상진	은혁	준하	치우	종석

〈여자 이름 목록〉

소연	나인	성주	은서	규희	자연
소윤	나경	성진	하윤	효린	미연
소희	다희	상미	하율	효인	
소미	다미	상희	지우	효정	
이정	다람	상아	지선	정아	
이지	다롱	상지	지미	미란	
화영	리혜	상희	지아	혜지	
미정	리지	선희	화정	윤미	
미화	미미	민희	화서	윤지	
미혜	보람	준희	호정	마리	
미준	보희	선희	혜주	나리	
미지	수희	성희	희주	유리	
민지	수미	수정	희선	화리	
민재	수재	수연	희정	예리	
민화	태희	수진	희미	별	
민정	태민	상진	희준	햇님	
은정	태이	민진	고은	유경	
은지	아인	효리	현경	달님	
은희	아정	윤아	영희	지원	
은미	아연	지은	세희	지혜	
은재	선주	지연	재희	지언	
은호	선미	경희	아람	화란	
은주	선화	경화	아름	주미	
가희	선정	경미	열매	주란	
나정	선아	채유니	아롱	지화	
나희	성미	미미	초롱	소연	
나미	성아	영서	샛별	서연	

〈성 목록〉

가	남궁	민	수	유	추
간	낭	박	순	육	탁
갈	내	반	승	윤	태
감	노	방	시	은	판
강	뇌	배	신	음	팽
개	누	백	심	이	편
견	단	범	십	인	평
경	담	변	안	임	표
계	당	복	양	자	풍
고	대	봉	어	장	피
곡	도	부	엄	전	필
공	독고	빈	여	정	하
곽	동	빙	연	제	학
교	동방	사	염	제갈	한
구	두	삼	영	조	함
국	라	상	예	좌	허
군	류	서	오	주	현
궁	마	서문	옥	준	형
궉	만	석	온	즙	호
권	매	선	옹	지	홍
근	맹	선우	왕	진	환
금	명	설	요	차	황
기	모	섭	용	채	황보
길	묘	성	우	척	
김	목	소	운	천	
나	문	손	원	총	
남	미	송	위	최	

그래? 심각한 문제야.
맞아!
내가 말하는데. 착각은 자유야.
내 말이 바로 그거야.
확실해.
음……
내 말 좀 들어 봐.
절대로.
그래서 어쩌라고. 헐!
당연하지.

사람들은 말할 때 자신도 모르게 반복하는 단어나 표현이 있어요.
입버릇처럼 말이에요. 캐릭터가 살아 있는 것처럼 보이려면
캐릭터만의 입버릇을 만들어 주어요. 여기에 여러 표현이 있어요.
상상 속의 캐릭터에게 하나를 골라 주세요.

좋아! 됐거든!
하지만.
알겠어? 굉장한데.
맘대로 해. 너한테만 말하는데.
정확해. 동시에.
약간.
물론이지. 맞는 말이야.
몰라. 말도 안 돼.
솔직히 말하면.
완전 좋아!
한번 보자고.
그런데 말입니다.

낙서 페이지

내가 창조해 낸 캐릭터를 위해 멋진 사인을 낙서를 만들어요.

아래 옷들은 너무 단순해 보이죠?
옷에 화려하게 무늬를 넣고 색도 칠하고 예쁘게 장식도 해 보아요.
그리고 내가 만든 캐릭터에게 입혀 보아요. 어떤 캐릭터에게 어떤 옷이
어울릴까요?

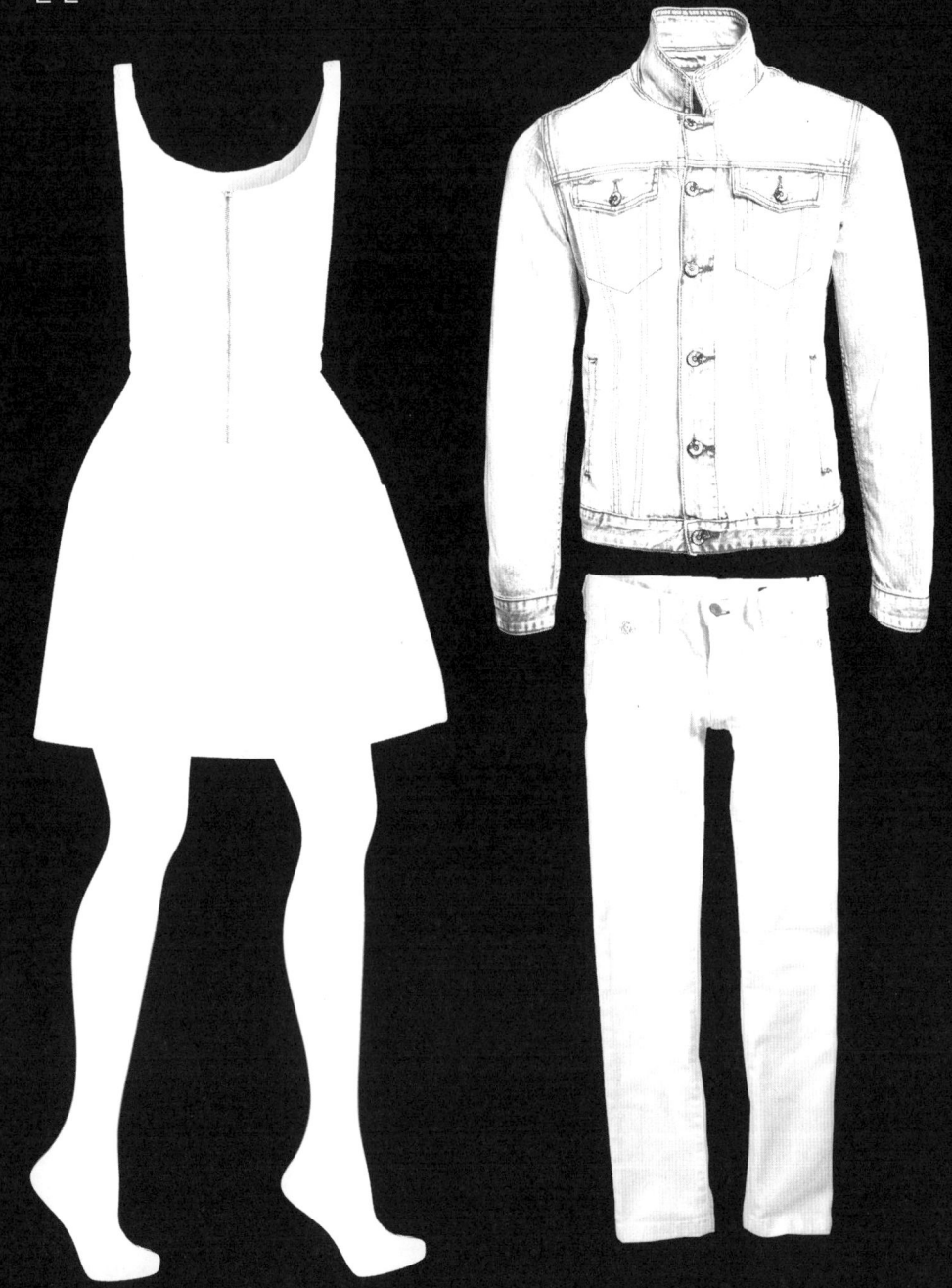

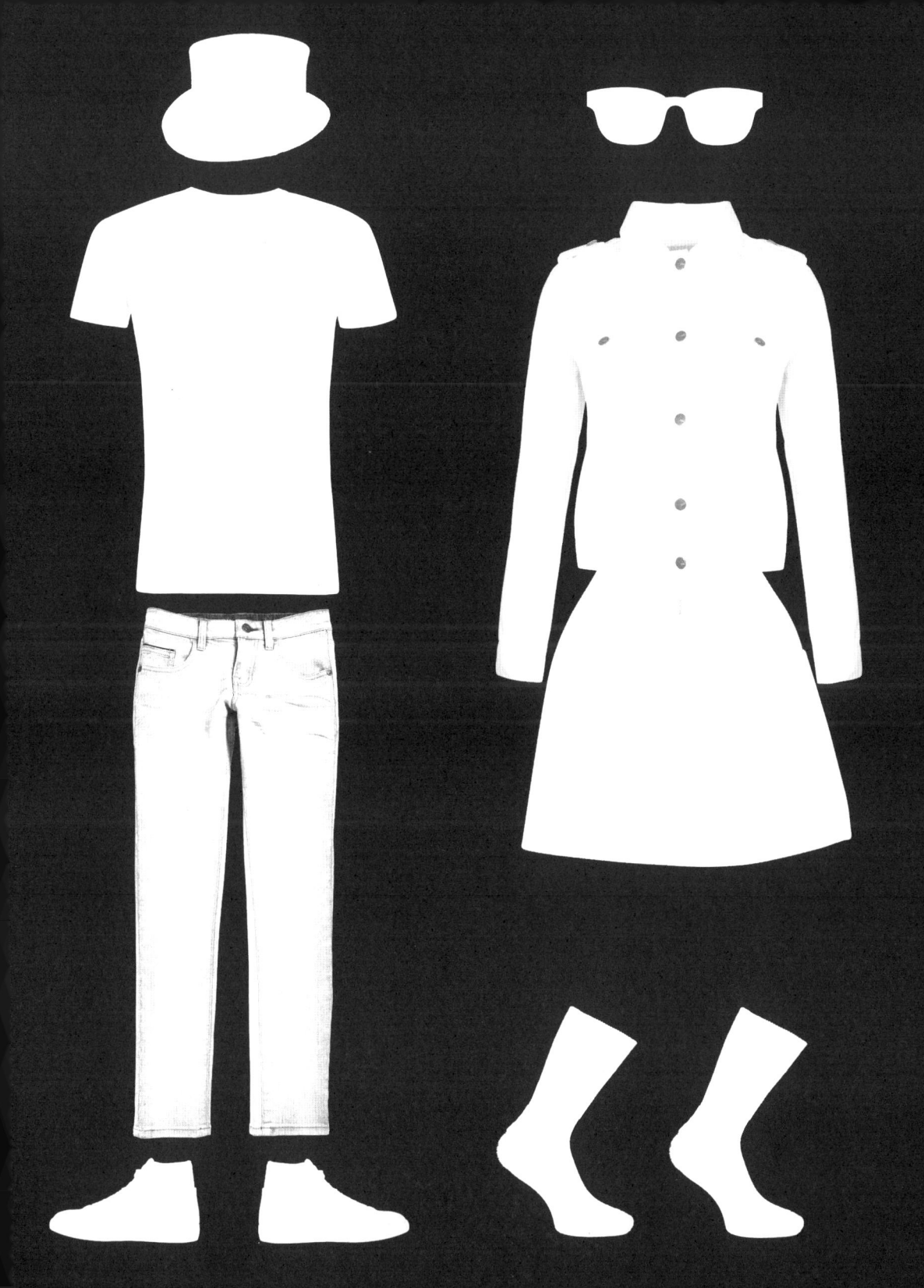

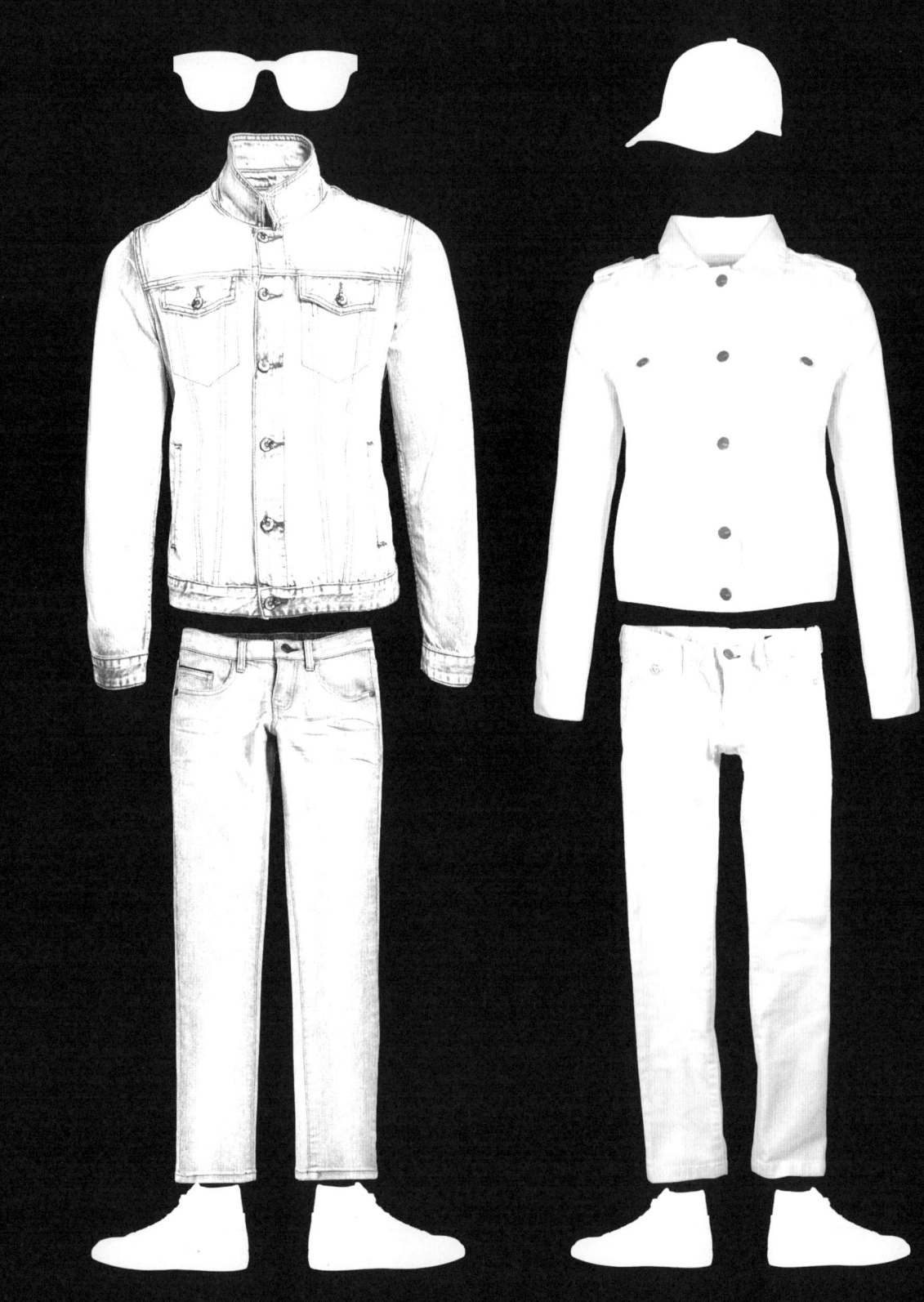

살아 움직이는 캐릭터를 만들어요

내가 만든 캐릭터에게 하루 일과를 만들어 주세요.
하루 종일 무엇을 하나요? 어느 곳에 가나요? 누구를 만나게 될까요?
무엇을 보고, 듣고, 느끼고, 만지고, 맛보게 될까요?
무슨 생각을 하나요?

하루 일과를 초나 분 단위로 말할 수 없으니까, 몇몇 중요한 순간이나
생각나는 일들을 적어 보세요. 우선 한 캐릭터부터 시작하고,
마음이 내키면 다른 캐릭터도 해 봐요.

학교에 가지 않는 날이라 생각하고,
여기서 마음껏 하고 싶은 걸 해요.

(예) 예비 탐정 도리 의 하루 일과
캐릭터 이름을 적어요.   하루 일과를 요약해요.

09:22 어젯밤 늦게 이모부가 사다 준 치킨이 없어진 걸 알게
되었다. 아침에 먹을 거라고 기대했던 도리는 충격을
받는다. 그러나 세 마리를 사 왔으니까 범인이 다
먹지는 못했을 거라고 생각하는 도리.

10:13 범인을 찾아 나머지 치킨을 먹겠다고 결심하는 도리.
아침밥을 먹지 않은 사람이 범인일 확률이 높다.
할머니와 동생 다리가 아침밥을 먹지 않았다.
뚜렷한 증거를 찾기 위해 둘을 관찰한다.

11:25 할머니가 산책을 나간 뒤 도리는 할머니 방을 탐색한다. 휴, 구석구석 먼지. 치킨 찾는 데 실패. 먼지만 잔뜩 먹었다.

13:05 동생 다리가 낮잠을 잤다. 깊이 잠들었는지 확인 후에 다리 방을 뒤지기 시작. 침대 밑에서 딱딱한 개 껌 발견. 개를 키우지 않는데 무슨 개 껌이지? 혹시 3년 전에 우리 집에 놀러 왔던 이모집 돌돌이가 씹던 그 개 껌? 3년을 다리 침대 밑에 있었다는 말? 우웩! 치킨 찾는 데는 실패!

15:45 범인은 의외의 사람일 경우도 있다. 도리는 엄마 아빠를 관찰하기로 한다. 아빠가 엄마에게 저녁에 삼계탕 좀 먹자고 한다. 치킨을 먹었다면 또 삼계탕을 먹고 싶진 않겠지. 아빠가 치킨 범인일 확률은 거의 없다.

16:30 도리는 엄마를 따라 시장에 가서 삼계탕용 닭을 산다. 그런데 엄마는 두 마리만 사자고 한다. 식구가 다섯 명인데 두 마리만 사다니. 엄마는 돈이 없나 보구나 생각하는 도리.

19:40 저녁에 엄마가 냉동실에서 치킨을 꺼냈다. 저녁에 먹으려고 어젯밤에 바로 냉동실에 넣어 놨다고 했다. 엄마는 새 기름에 치킨을 튀겼다. 오늘 온종일 헛고생만 했다.

........................의 하루

내가 지은 이름을 적어요.   하루 일과를 요약해요.

..........................의 하루

내가 지은 이름을 적어요.　　　　하루 일과를 요약해요.

비밀 16

캐릭터가 말을 해요

캐릭터에 대해 충분히 알았죠. 이제 캐릭터에게 말을 걸어 볼까요.
어떻게 할까요? 아주 간단해요.
질문을 해요. 그러면 캐릭터가 대답을 할 거예요.

예를 들어 이런 걸 물어볼 수 있어요.

*답해 보기

☐ 최근에 배꼽을 잡고 웃었던 일에 대해 말해요.   언제? 왜? 누구와 함께? 어디서였어요?

☐ 첫 남자 친구에 대해 말해요.   혹은 첫 여자 친구.

☐ 다음 생일 파티는 어떻게 할 거예요?

☐ 가장 무서웠던 일은?

☐ 자신에게 중요한 사람에 대해 말해요.

☐ 가장 마음에 들었던 장소에 대해 설명해요.

☐ 퀴즈 게임에서 1억 원을 받는다면 무엇을 하고 싶어요?

☐ 황당한 일을 겪어 보았어요?

☐ 동물과 함께 특이한 일을 겪은 적이 있어요?   예를 들면, 난 파리 세 마리를 한꺼번에 삼킨 적이 있어요.

다른 질문도 마음껏 던져 봐요. 대답하는 사람이 캐릭터라는 걸
잊지 말아요. 캐릭터가 '나는'으로 대답할 거예요.

질문 : ....
....
....?

대답 : ....
....
....
....
....
....
....!

질문 : ....
....
....?

대답 : ....
....
....
....
....
....
....!

질문 : ....
....?

대답 : ....
....
....
....
....
....!

질문 : ....
....?

대답 : ....
....
....
....
....
....!

손톱을 예쁘게 색칠해요.

비밀 17

내가 만든 캐릭터들이
서로 대화를 해요

사람들은 모이면 서로 대화를 나누어요. 그런데 여러 사람이 모이면 문제가 생길 수도 있어요. 다른 사람보다 더 많이 말하려는 사람이 꼭 있거든요. 우리 집을 예로 들면 부모님들이 나한테 절대로 발언권을 주지 않아요.

지독한 방학 때 쓴 일기 중에서

엄마 : 맘에 들어요?
아빠한테 새로운 헤어 스타일을 보여 주며

나 : 웩!
엄마가 마치 나한테 물어본 것처럼

아빠 : 그래, 그래요!

엄마 : 우리가 연애하던 시절 헤어 스타일인데.

나 : 헐!

아빠 : 그래, 그래요!

엄마 : 기억나요?

나 : 하나도 기억 안 나.

아빠 : 그래, 그래요!

사실 이런 걸 대화라고 할 수는 없죠. 그냥 어떻게 대화를 기록하는지 보여 주려고 예를 든 거예요.

전화 통화를 하는 두 사람 중 한 사람의 말만 듣고 있는 것처럼 상상해서 글을 써 본 적이 있어요. 한번 해 보세요. 한 사람 얘기만을 들으면서 수화기 너머의 상대방이 어떤 말을 할지 상상해 보는 건데 생각보다 훨씬 재미있어요.

두 사람의 캐릭터를 만들어요.

캐릭터 A : 성 : .... 이름 : ....
캐릭터 B : 성 : .... 이름 : ....

여러분은 캐릭터 A의 말만 들을 수 있어요.
캐릭터 B가 어떤 말을 할지 상상해요.

*끄적거리기

A: 안녕, 잘 지냈어?
B: ....
....

A: 지금 거기서 뭐하고 있어?
B: ....
....

A: 말도 안 돼!
B: ....
....

A: 진짜 놀랐겠다, 그렇지?
B: ....
....

A: 정말 그렇게 생각해?
B: ....
....

A: 안 돼, 안 돼…… 난 못해. 그 사람은 너무…….
B: ....
....

A: 넌 그 사람한테 네 물건을 돌려 달라고만 말하면 돼.
B: ....
....

A: 그 얘가 그걸 어떻게 알았지?
B: ....
....

A: 알았어. 무슨 소리인지 알아.
B: ....
....

A: 좋아, 몇 시에?
B: ....
....

A: 너희 집? 아니면 우리 집?
B: ....
....

A: 알았어. 나중에 봐.

생각보다 어렵지 않죠? 두세 명, 아니면 네 명을 선택해서 연습해요.

캐릭터 A :
성 : ....
이름 : ....

캐릭터 B :
성 : ....
이름 : ....

캐릭터 C :
성 : ....
이름 : ....

캐릭터 D :
성 : ....
이름 : ....

서로 아는 사이예요? 잘 모르나요?

어떤 관계예요?
부모님, 이웃, 사촌, 친구, 내가 싫어하는 사람 등등.

어디에서 만났을까요?

자, 시작해요······.

A: ....
....
....
B: ....

낙서 페이지

어느 날 몸에 상처, 흉터, 멍이 22군데나 있는 걸 발견했어요.
너무 열심히 운동을 했나 봐요. 여기에 표시해 볼게요.

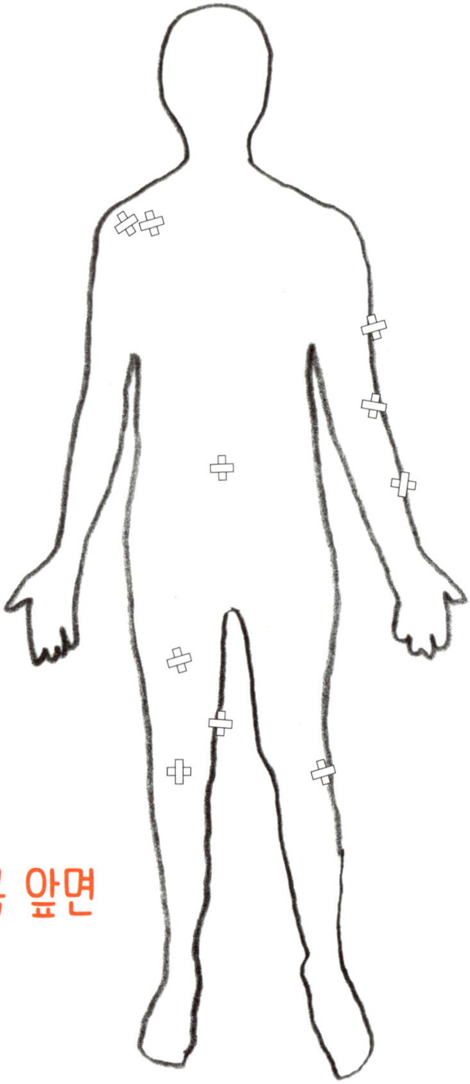

몸 앞면 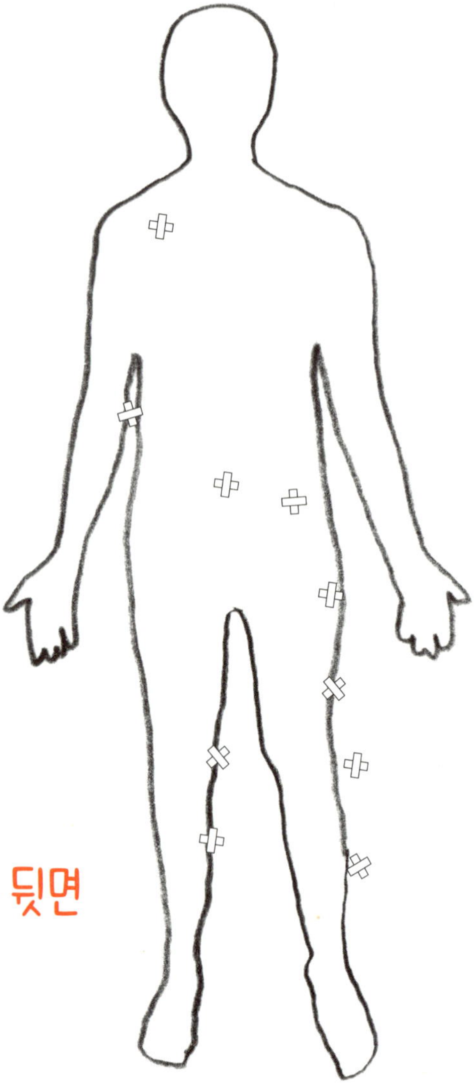　　　　**몸 뒷면**

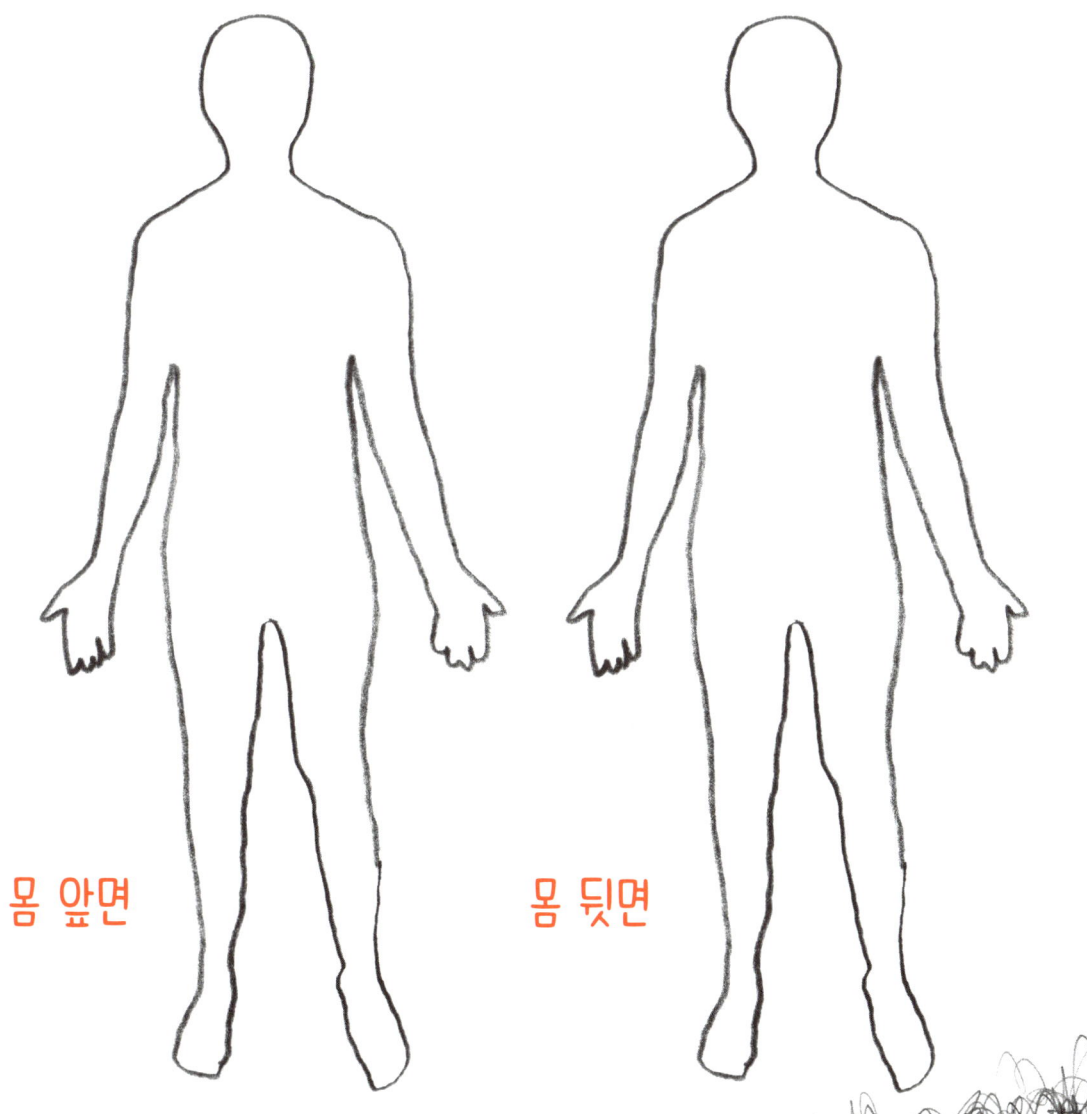

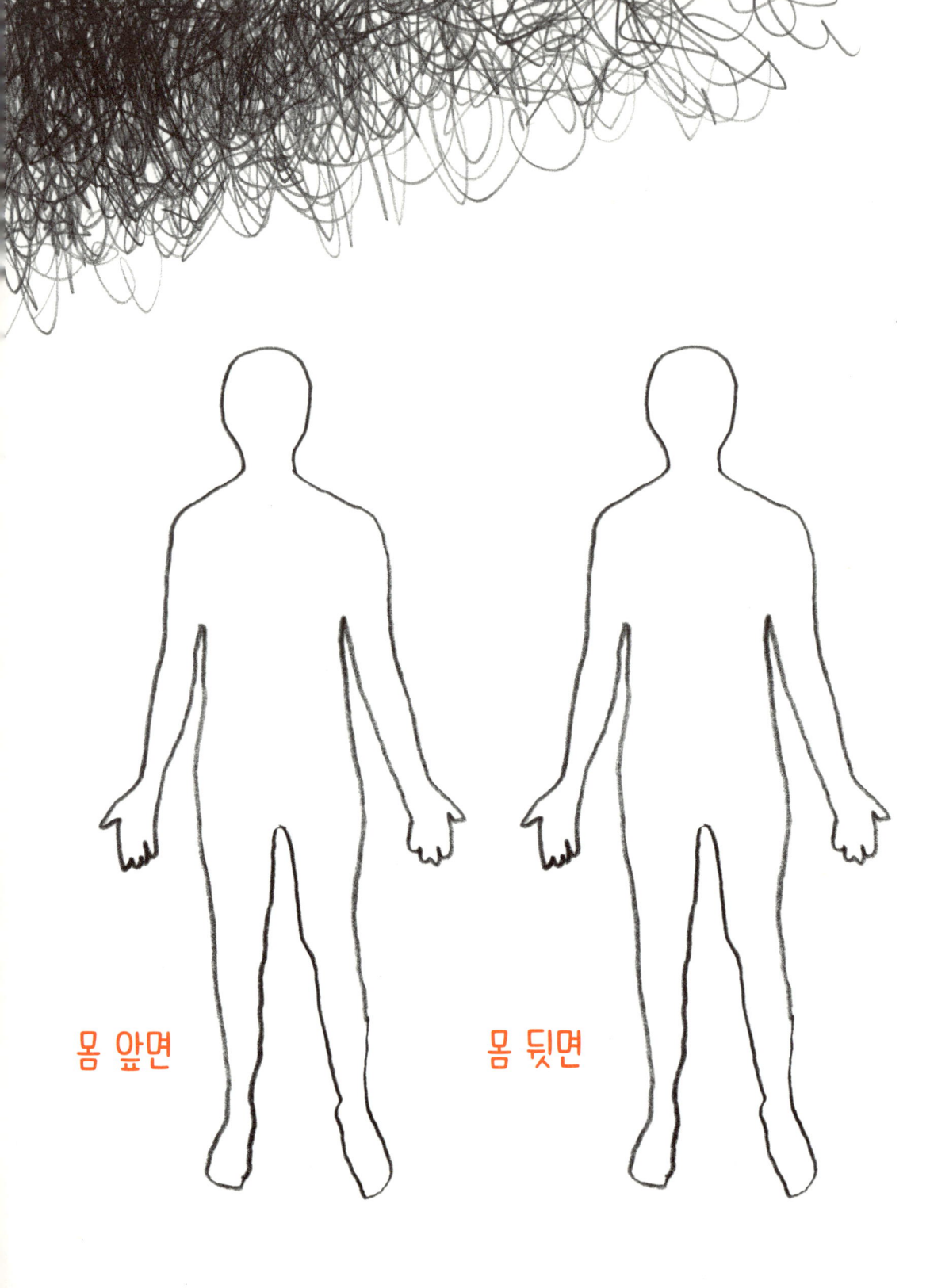

비밀 18

읽지 않은, *세상에 없을 수도 있는!*
책의 독서 감상문을 써 봐요

좋은ㅋㅋ

독서 감상문을 꼭 쓰라고 강요하는 괴팍한 선생님들이 있어요. '독서의 즐거움'을 가르쳐 주려는 거라고 말씀하시죠. 책 내용을 요약하고, '개인적인 감상'을 한 쪽이나 채워서 쓰라고 하면, 세상에서 제일 재미있는 책도 읽기 전에 지겨워져요.

나는 비법을 찾아냈어요. 어느 날, 제목만 아는 책의 가짜 독서 감상문을 쓴 적이 있어요. 그런데 선생님께 칭찬을 받았어요! 매년 그 독서 감상문을 꺼내 보는데, 100점 만점에 90점이나 받았어요.

90점이나 받은 그 독서 감상문을 소개합니다!

독서 감상문

세계적으로 유명한 서커스단에서 어릿광대로 일하는 체코슬로바키아인 루카스 바젤은 기숙사에서 도망친 가출 청소년 벤야민을 서커스단으로 데리고 왔다. 벤야민은 부모님이 불법으로 무기를 거래하는 사람들한테 살해 당했고, 부모님이 돌아가신 이후에 기숙사에 갇혀서 살았다. 그의 부모님은 불법 무기 거래와 싸우는 민간 단체에서 일하고 있었다. 루카스는 벤야민에게 어릿광대로 일하는 법을 가르쳐 주었고 두 사람은 그 분야에서 1위 자리에 오르며 성공을 거두었다. 루카스와 벤야민은 몬테카를로스 서커스단에서 여는 세계 서커스 축제에 초대되었는데, 불법 무기 거래자들이 벤야민의 소재를 파악하였고 그를 죽이려 하였다. 루카스는 벤야민을 구하기 위해 서커스에서 일하는 친구들에게 도움을 요청하였다. 짐승을 길들이는 묘기를 부리는 친구가 맹수들 사이에 벤야민을 숨겨 주었다…….

이 소설은 처음부터 끝까지 흥미롭다. 우리를 서커스의 세계로 안내할 뿐만 아니라 우리에게 여러 나라에서 전쟁을 부추기는 불법 무기 거래에 대한 문제를 알 수 있게 해 준다. 나는 어릿광대인 루카스를 아주 좋아했는데, 왜냐하면 루카스는 용기가 있고 똑똑했으며 인내심을 갖고 벤야민에게 어릿광대의 기술을 가르쳐 주었기 때문이다. 벤야민은 처음에는 슬픔에 빠져 있다가 루카스라는 친구이자 선생님을 만났는데 나는 벤야민 기분을 이해할 수 있었다. 나는 모험과 감동이 많으면서도 유머도 잊지 않은 이 소설을 친구들에게 권하고 싶다.

여기에만 비법을 알려 줄게요.

1) 제목이 마음에 드는 소설을 한 권 골라요.
2) 절대로 그 책을 읽으면 안 돼요! 아무 곳에나 던져 놓고 손도 대지 않기로 해요. *반납 기일을 넘기기 전에 도서관에는 돌려주어야죠.*
3) 제목을 보고 이야기를 지어내요.
   꼭 말해야 하는 건,
   - 어느 장소에서 벌어지는 이야기인지,
   - 언제인지? 현재인지 아니면 옛날인지?
   - 주인공들.
   - 주요 사건 : *최근에 본 영화에서 아이디어를 얻어요.*
4) 이런 문장으로 끝맺으면 좋아요 : "이 멋진 소설을 읽을 독자를 위해 모든 내용을 다 밝히지 않겠다."
5) 개인적인 감상을 꼭 써요: 그렇게 어렵지 않아요. 아래의 문장들처럼 느낀 점을 쓰면 돼요.

마음대로 고르세요!

이 소설의 줄거리는 숨 가쁘게 진행된다. / 독자를 열광하게 만든다. / 운율 있게 전개된다. / 지루하기 짝이 없다. / 이미 아는 내용뿐이다. / 놀라운 면을 지니고 있다. / 단순하다. / 매우 복잡하게 얽혀 있다. / 그저 지겨울 뿐이다.*

인물들의 심리가 내게는 정당하다고 / 너무 추상적이라고 / 깊다고 / 논리적이지 않다고 / 너무 예민하다고 / 그저 지겹다고 느껴졌다.*

나는 이 소설이 정말 좋다고 / 매우 괜찮다고 / 그저 그렇다고 / 평범하다고 / 별로라고 / 겨우 읽을 만하다고 생각한다.*

그 이유는 ....

....
나는 .... 에게 공감을 느낀다. *캐릭터 이름을 쓸 것*
왜냐하면 ....

나는 이 소설을 이런 장르의 이야기를 좋아하는 사람에게 / 불면증이 있는 사람에게 / 텔레비전이 고장 난 사람에게 / 지루한 걸 좋아하는 사람에게 / 존경하는 국어 선생님에게 / 치매 초기 증상 할머니들에게 강력히 추천한다.
이렇게 써요! 이런, 비법을 너무 많이 알려 주었네요.

독서 감상문

낙서 페이지

여기 책이 있어요.
표지를 상상해 봐요!

여러분을 돕기 위해 몇 가지를 알려 줄게요!

지은이

무서운 이야기
The Ghost Story

옮긴이

앞표지

당신은 귀신을 본 적이 있나요?
무섭고 으스스한 유령 이야기를
소개합니다!

표지 그림 _____ 펴낸 곳 _____
9782081370807   가격 .... 원

뒤표지

책 표지를 꾸며 보세요.

비밀 19

대머리 머리카락이
쭈뼛 서게 할 만큼
무서운 이야기를 만들어요

"대머리 머리카락을 쭈뼛 서게 하다", 멋진 표현이죠? 그런데 내가 한
말이 아니라, 옆집 아저씨가 이웃과 친척들을 위해 만들었어요.
물론 이 말은 미용사를 위한 건 아니에요.
실제로 대머리하고는 아무 상관도 없고요.
훨씬 더 재미있는 놀이를 제안해 볼게요.
이야기를 만드는 게 목적인데, 어떤 이야기냐 하면
바로,

*줄 긋기
끈적거리기
아무 뜻 없는 말

⇨ ☐ 누나가
⇨ ☐ 남동생이
⇨ ☐ 친한 친구가
⇨ ☐ 재미없는 사촌 오빠가
⇨ ☐ 빵집 아저씨가
⇨ ☐ 눅눅해서 맛없어진 치킨을 파는 사람이
⇨ ☐ 선생님이*

겁에 질릴 만큼 무서운 얘기지요. !!!
선생님께 들려주었는데 내가 예상했던 반응이었어요!
엄청 깜짝 놀라며 무서워하셨어요!
선생님이 일기를 세 쪽이나 쓰라고 해서 어떤 공포 영화에 대해 썼는데,
사실 난 그 영화를 보지 않았어요. 피를 싫어해서 텔레비전으로도
무서운 건 안 봐요. 하지만 세 쪽 가득 무시무시한 얘기를 쓰는데
정말 재미있었어요. 소름 끼치는 상황도 자세하게 강조하며 썼는데,
그게 비법이었어요.
독자들이 공포에 떨도록 아주 자세히 장면을 묘사해요.

예를 들면, 이렇게 쓰면 안 돼요.

"거미 한 마리가 불쌍한 철수를 공격했다."

내가 상상한 영화에서는 선생님이 공격을 받아요.

독자들은 별 감흥을 못 느껴요. 장면을 상상할 수 없기 때문이에요.
그래서 이렇게 자세히 쓰면 좋아요.

"다리는 검고 털로 뒤덮였으며, 아래턱은 뾰족하고 날카로운,
거대한 거미 한 마리가 그의 발목을 물었다. 마치 수천 개의
바늘로 온몸을 찌르는 것처럼 고통스러웠다.
철수는 끔찍한 비명을 질렀다.
두 팔은 마비된 것 같았다. 몸속에서 불이 타오르고,
거미의 독이 그의 몸을 모조리 삼켜 버렸다.
그는 타일 바닥에 쓰러졌는데, 턱이 부서질 정도로 세게
넘어졌다."

***

이제 써 볼까요? 맘껏 상상력을 펼쳐 보아요!

(아래 문장에 이어서 써 보세요.)

산 아래 빈 집에서는 비 내리는 날마다 이상한 소리가 들렸다.

이어서 자세히 써 보세요.

누구에게 들려줄까요?
반응은 어땠어요?

4월 4일 4시 4분
내 발밑을 보지 말라는 경고를 깨고 발밑을 보았다.

이어서 자세히 써 보세요.

겁에 질린 다섯 명의 얼굴이 있어요.
지금 내가 쓴 글을 막 읽은 사람들이에요.
눈, 입, 머리카락 등등을 그려요.

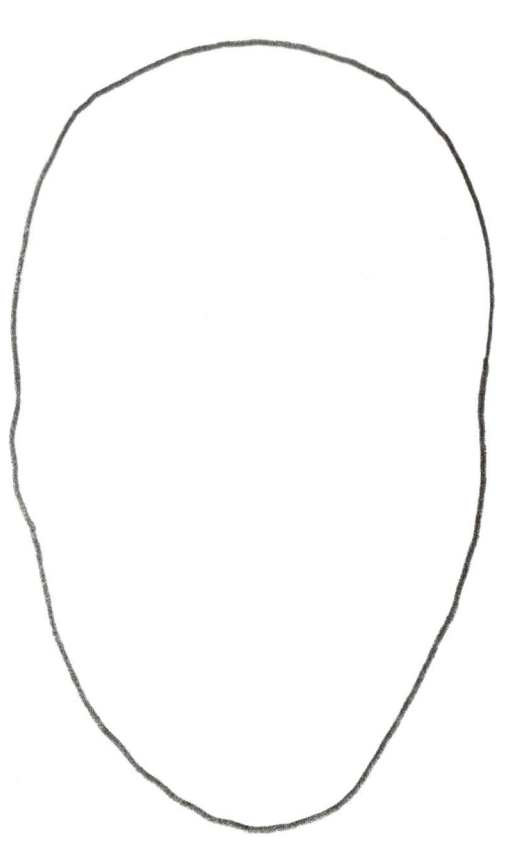

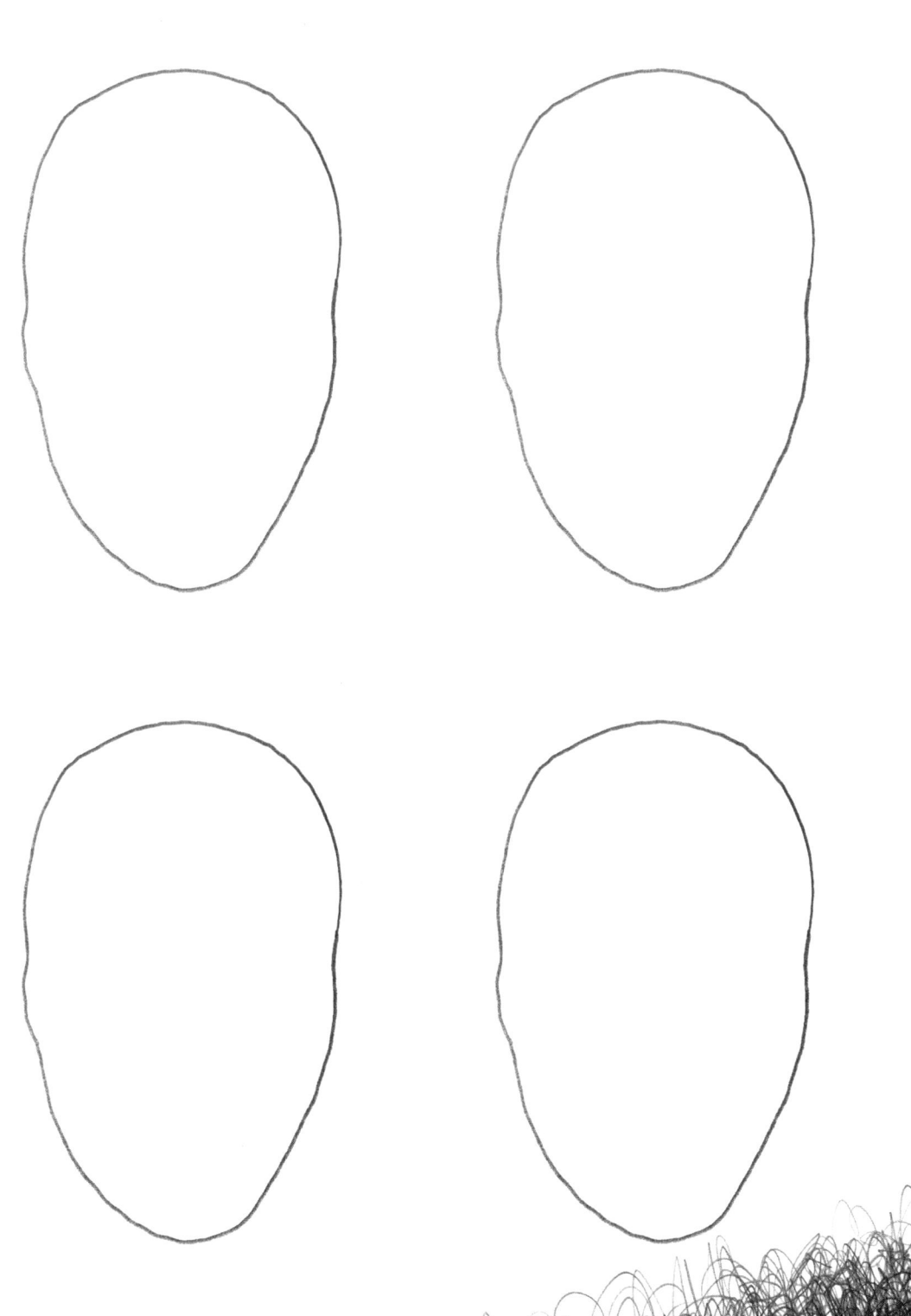

게임 시나리오를 써 보아요

커서 무엇을 할지 아직 모르겠어요.

내가 고민 중인 직업을 소개할게요.

*<u>줄 긋기</u>
끄적거리기
아무 뜻 없는 말

1) 멋진 마술사

2) 학생 구조 특공대 대장 스트레스 받은 학생들을 구하기 위해 특별히 훈련된 대원들로 무장된 부대

3) 게임 기획자*

사실 게임 기획자가 제일 끌려요. 이미 게임을 두 개나 발명했어요.

모바일 게임이요.

시나리오 : 엄청나게 멍청하고 웃긴 애가 들판에서 열심히 토마토를 주워서 엉망으로 노래를 부르는 록 그룹한테 던지는 게임이에요. 아주 잘 익은 토마토를 골라 줍는 게 포인트예요, 덜 익은 토마토를 던지면 가수들 머리 위에서 터지지 않아서 점수를 잃어요. 웃기죠?

시나리오 : 개학 날에 관한 게임이에요. 개학하는 날에 모든 방법을 동원해서 선생님들이 학교 오는 걸 막아야 해요. 폭력은 안 되고요. 엉뚱한 방법으로 체포해서 감옥에 넣거나, 엄청난 병에 걸리게 하거나, 길을 헤매게 만들거나, 웃기는 협박을 해요. 예를 들면 수학 선생님의 자전거 바퀴를 터뜨리거나 음악 선생님의 두꺼운 안경을 숨기는 것도 좋은 방법이에요. 그런데 선생님이 한 명이라도 학교에 나오면, 그 과목 시험을 봐야 하고, 그 시험에 통과해야 계속 게임을 할 수 있어요. 재밌겠죠?

재미있는 아이디어가 떠올랐어요? 게임 시나리오를 써 볼까요? 한 가지 규칙이 있어요, 게임에서 누가 죽으면 절대로 안 돼요! 멋진 게임을 만들도록 대회를 열어야겠어요. 최우수상 상품은 아래에서 선택해요.

 초콜릿 상자에 담은 초코릿 만드는 요리법
 내 양말 한 짝
🏆 최고급 에그 타르트를 담을 수 있는 상자

준비되었어요?

게임 제목: ....

시나리오 요약: ....
....
....
....
....
....
....

페이스북에 아이디어를 포스팅해요!

드디어 작가가 되었어요! 인터뷰를 할 차례예요!
멋지죠?

작가는 가끔은 귀찮은 일을 해야 하는데, 바로 이런 질문을 받을 때죠.
- 책을 몇 권 쓰셨어요?
- 언제부터 글을 쓰기 시작했어요?
- 책 한 권 쓰는데 시간이 얼마나 걸려요?
- 어디에서 영감을 얻어요?

등등

이제 직접 질문을 만들고 스스로 대답해 봐요. 똑똑한 질문을 해야 똑똑한 대답이 나온답니다.

여러분을 돕기 위해, 내가 먼저 시작할게요.

1) 어느 작가처럼 되고 싶어요? (내 대답은: 셰익스피어. 각자가 다르겠죠?)

....

2) 글을 쓸 때 특별히 먹는 음식이 있어요? 나는 바나나가 들어간 초콜릿 케이크를 먹어요.

....

3) 직접 쓴 책에 나오는 캐릭터 중에 누굴 가장 좋아하나요?

....

4) 글을 오래 쓸 때 엉덩이가 아프면 어떻게 하나요?

....

Super manuel pour devenir un écrivain génial
by Bernard Friot
Copyright © Flammarion, 2016
Korean translation copyrights © 2018, Sun & Tree Publishing co.,
This Korean edition is published by arrangement with Flammarion through Bookmaru Korea literary agency in Seoul.
All rights reserved.

이 책의 한국어판 저작권은 북마루코리아를 통해 Flammarion와의 독점계약으로 해와나무가 소유합니다.
신저작권법에 의하여 한국내에서 보호를 받는 저작물이므로 무단 전재와 복제를 금합니다.

중요한 게 있어요!
이 책을 읽고 싶을 만큼
멋진 글을 써요.

표지 일러스트 : ....

가격도 적어야겠죠!

정가　　　원

바코드를 예쁘게 그려요